COLLECTION

SOLTYKOFF

Me CHARLES PILLET

COMMISSAIRE-PRISEUR, 14, RUE DE CHOISEUL

M. ROUSSEL	M. CARAN	M. JUSTE
16, rue Moncey.	464, rue Blomet.	12, rue de Ménars.

EXPERTS

CATALOGUE

DES

OBJETS D'ART

ET DE

HAUTE CURIOSITÉ

COMPOSANT LA CÉLÈBRE COLLECTION

DU PRINCE SOLTYKOFF

Objets religieux byzantins et autres. — Émaux de Limoges.
Faïences italiennes.
Faïences françaises de Bernard Palissy. — Faïences dites de Henri II.
Bois et Ivoires sculptés. — Orfévrerie.
Verrerie de Venise et de Bohême. — Vitraux anciens. — Meubles anciens
en bois sculpté.
Objets chinois, russes et indiens. — Manuscrits, etc.

DONT LA VENTE AURA LIEU

HOTEL DROUOT, SALLE 7

Les Lundi 8 Avril et jours suivants *

A UNE HEURE

Par le ministère de Me **CHARLES PILLET**, Commissaire-Priseur,
rue de Choiseul, 11,

Assisté de MM. les Experts
- **ROUSSEL**, rue Moncey, 16,
- **CARAN**, rue Blomet, 161,
- **JUSTE**, rue de Ménars, 12,

Chez lesquels se trouve le présent Catalogue.

* Voir pour les jours de vente et d'exposition l'ordre de vacations ci-après.

Le Catalogue se trouve :

A *Paris*,	chez Mᵉ Charles Pillet, commissaire-priseur, rue de Choiseul, 11 ;
»	M. Roussel, expert, rue de Moncey, 16 ;
»	M. Caran, expert, rue Blomet, 161 ;
»	MM. Juste, rue de Ménars, 12 ;
A *Londres*,	M. Annot, Bond street ;
»	M. Webb, Cork street, 22 ;
»	M. Durlacher, New-Bond, 113 ;
A *Bruxelles*,	M. Étienne Leroy, place du Grand-Sablon, 12.
A *St-Pétersbourg*,	MM. Négri père et fils.

COLLECTION SOLTYKOFF

ORDRE DES VACATIONS

PREMIÈRE VENTE { Lundi 8 Avril 1861. / Mardi 9 — / Mercredi 10 —

EXPOSITION PARTICULIÈRE le Samedi 6 Avril.
— PUBLIQUE le Dimanche 7 Avril.

DEUXIÈME VENTE { Lundi 15 Avril 1861. / Mardi 16 — / Mercredi 17 —

EXPOSITION PARTICULIÈRE le Samedi 13 Avril.
— PUBLIQUE le Dimanche 14 Avril.

TROISIÈME VENTE { Lundi 22 Avril 1861. / Mardi 23 — / Mercredi 24

EXPOSITION PARTICULIÈRE le Samedi 20 Avril.
— PUBLIQUE le Dimanche 21 Avril.

QUATRIÈME VENTE { Lundi 29 Avril 1861. / Mardi 30 — / Mercredi 1er Mai 1861.

EXPOSITION PARTICULIÈRE le Samedi 27 Avril.
— PUBLIQUE le Dimanche 28 Avril.

INTRODUCTION

La galerie d'antiquités du moyen âge de M. le prince
P. Soltykoff, peu connue cependant du public, est sans contre-
dit la collection privée la plus célèbre qui existe en ce genre.
Son importance, sous le rapport du choix comme sous celui du
nombre, est telle, qu'aucun musée ne pourrait, dans cette
spécialité, lui être comparé. Formée avec la persistance, les
sacrifices et le goût éclairé que le prince sait mettre à tout ce
qu'il entreprend, elle a peu à peu absorbé l'élite des monuments d'art et d'antiquité des collections antérieures les plus
réputées, des trésors des églises et des autres sources aujour-
d'hui épuisées de l'Europe. Un ensemble aussi merveilleux
qu'utile à la science aurait nécessairement exigé un catalogue
plus étendu que l'aride nomenclature que nous en donnons
ici ; un livre raisonné et approfondi, qui eût mis en évidence
l'intérêt d'art, d'histoire ou de rareté qui s'attache à la majo-
rité des objets qu'elle renferme. Des planches reproductives
surtout, que les descriptions les plus minutieuses ne sauraient
remplacer quand il s'agit de choses d'art, eussent été néces-
saires ; mais un plan de ce genre aurait exigé plus de temps
que le court intervalle qui restait à courir entre la détermina-
tion d'une vente publique et la nécessité de distribuer à mo-

ment opportun le catalogue, et il ne nous a pas été permis d'y donner un développement si désirable. Nous comptons donc plus sur la grande réputation dont jouit à si juste titre cette collection, et sur le charme qu'elle exercera par elle-même sur les connaisseurs, que sur ce que nous en avons pu dire.

Nous appelons l'attention des amateurs sur les séries suivantes :

En premier lieu, sur celle qui renferme les reliquaires, textes et ustensiles du culte chrétien, ensemble imposant, précieux à la fois pour l'étude de l'histoire ecclésiastique et pour la connaissance des styles qui ont été en vogue aux époques les moins connues de l'art; styles élégants autant que curieux, dont nous ignorerions aujourd'hui l'existence même, si les monuments religieux, plus durables que les autres, ne nous les eussent heureusement conservés. On y remarquera des objets uniques par l'importance de leur travail ou par la rareté de leur espèce, produits, pour la plupart, des artistes de l'école de Byzance, de celle de Cologne ou de notre fabrique nationale de Limoges : à leur vue se reconnaissent et s'expliquent sans peine les procédés d'art laissés et décrits par Théophile, par le moine de Saint-Gall, par Cellini, Jean Levieil et autres.

Les mêmes observations peuvent s'appliquer à la série des ouvrages de sculpture en ivoire, cette matière précieuse aux yeux de l'antiquaire surtout, en ce qu'elle n'offre pour ainsi dire aucune prise à la destruction et qu'elle nous présente, sous un petit volume, avec un fini et un détail qui égalent celui des grands monuments, une suite non interrompue des œuvres de l'art européen depuis les temps antiques jusqu'à nos jours. Aussi les connaisseurs trouveront-ils dans le très-riche choix que nous leur soumettons des ivoires de tous les styles, depuis le sixième siècle jusqu'au seizième, aussi importants que précieux sous le rapport de l'art, et, parmi eux, des monuments historiques.

La nombreuse réunion de meubles sculptés, incrustés, damasquinés, etc., renferme l'histoire complète de l'ameublement de nos aïeux, et quelques-uns d'entre eux sont les plus beaux qui existent. Celle des vases, peintures et portraits historiques en émail peint de Limoges, cet art qui a brillé d'un si vif éclat en France, et que nulle autre nation ne peut nous disputer, comprend tous les maîtres célèbres du genre, et par le nombre, la richesse et la beauté de ses pièces, défie toute description. Nous citerons encore celle des poteries françaises de Palissy, parmi lesquelles sont des spécimens aussi rares que parfaits de réussite et de beauté, et quelques pièces de celles aujourd'hui si recherchées de la mystérieuse fabrique de Tours; celle des faïences de toute fabrique d'Italie, cet industrieux pays qui, déjà depuis plus de trois siècles, avait épuisé toutes les combinaisons et les ressources de l'art céramique; celle des vases et verreries de Murano, la plus riche et la plus complète qui existe de cet art admirable transmis aux Vénitiens par les Grecs du Bas-Empire, et perdu aujourd'hui à cause des modifications qu'a subies la main-d'œuvre moderne; la nombreuse série de vaisselle d'argent du moyen âge, spécialité devenue si rare, qui renferme beaucoup de pièces des quinzième et seizième siècles, parmi lesquelles sont de véritables chefs-d'œuvre; l'horlogerie, qui présente les types les plus élégants et les plus compliqués d'horloges et de montres à l'origine de cet art, ces dernières embrassant à peu près tout ce qui était disséminé en Europe dans ce genre intéressant.

Enfin, le petit nombre d'échantillons de la serrurerie ancienne que possède la collection présente encore trois des plus importants ouvrages que l'on puisse rencontrer, non que ce soient des œuvres de réception pour la maîtrise, ce que nous tenons à constater, pour montrer à quel degré de talent les simples ouvriers de ces temps artistiques étaient arrivés, même dans la fabrication des objets purement usuels.

Nous ne pousserons pas plus loin cette récapitulation déjà trop longue; aussi bien ne pouvons-nous pas nous défendre d'un profond sentiment de regret en songeant à la dispersion prochaine d'un ensemble si laborieusement et si heureusement accompli, et dont le rétablissement serait si difficilement réalisable à l'avenir. Espérons que nos musées et les admirateurs de l'art, toujours si nombreux en France, sauront se faire une large part de ces riches dépouilles; déjà S. M. l'Empereur a fait l'acquisition des antiquités militaires de la collection : ce noble et intelligent exemple ne sera pas perdu pour les autres catégories qui la composent.

CHÂSSE BYZANTINE À ÉMAUX DU RHIN, XIIe SIÈCLE

COLLECTION DU PRINCE P. SOLTYKOFF.

Imprimé par A. Berthot, quai de la Tournelle, No. Paris.

DÉSIGNATION

DES OBJETS

————— o ᲛᲘᲝ o —————

VASES ET USTENSILES DU CULTE

—

RELIQUAIRES ET IMAGES SACRÉES

MANUSCRITS ET TABLETTES DE RELIURES

1 — **Évangéliaire**, Mss. in-fol., vélin, contenant les évangiles de saint Matthieu et de saint Marc, avec miniatures de ces deux évangélistes au commencement de chaque texte.

La reliure est ornée d'un bas-relief en argent repoussé et doré, représentant le Christ assis et bénissant; avec bordure en filigrane, enrichie de frappés circulaires contenant des sujets tirés de la vie du Christ, le tout en même métal.

1

2 — **Evangéliaire** de même format et texte, contenant les deux autres évangélistes avec leurs miniatures.

La reliure de ce volume est en émail de Limoges, sur cuivre doré, et représente le même sujet.

Le texte de ces deux volumes, ainsi que la reliure du premier volume, est d'origine allemande et de la fin du douzième siècle. La reliure seule du deuxième volume appartient au treizième siècle. — Belle conservation.

3 — **Breviarium**. Mss. petit in-fol. sur vélin, avec miniatures, lettres initiales ornées et encadrements en or et couleur, d'une élégante et fine exécution ; reliure primitive en veau gaufré.

Dix vers latins inscrits sur le feuillet de garde nous apprennent que ce livre a été exécuté en 1404, par François Guantari, de Naples, sur l'ordre de Henri Fomacelli, abbé de Mont-Cassin.

(Collection Debruge, n° 645.)

Ce Mss. est de la plus grande fraîcheur.

4 — **Missel**. Mss. grand in-fol. vélin, orné de 140 miniatures de dimensions diverses, de 3,223 lettres, tournures, et de nombreux encadrements à rinceaux, fleurs et figures en or et couleurs de la plus riche exécution.

Ce livre vraiment magnifique, l'un des plus beaux et des plus importants spécimens de l'art du miniaturiste et du calligraphe en France au quinzième siècle, exigerait une description trop longue pour les bornes d'un simple catalogue ; nous nous contenterons de dire qu'il a été fait pour Jacques Juvénal des Ursins, évêque de Poitiers, prieur, archevêque de Reims et frère de Jean Juvénal des Ursins, chancelier de France ; renvoyant, pour plus de détails, le lecteur à l'excellente notice que M. Labarte en a donnée, n° 646 de son Catalogue de la collection Debruge.

5 — **Horæ Beatæ Virginis**. Mss. in-8° vélin, contenant 15 miniatures et encadrement en or et couleurs à toutes les pages. Il est précédé d'un calendrier également orné de miniatures représentant les mois.

Mss. français du commencement du seizième siècle.

6 — **Liber præcum,** commençant par le calendrier, qui est orné d'une miniature pour chaque mois de l'année. Il renferme en outre douze grandes miniatures et des vignettes à chaque page. Quinzième siècle. Reliure moderne en maroquin vert.

7 — **Liber præcum**. Mss. latin in-12, sur vélin, avec miniatures, lettres initiales et encadrements.

Fin du quinzième ou commencement du seizième siècle ; reliure antiquée, en maroquin rouge.

8 — **Manuscrit** contenant la traduction française du *Livre de Sapience*, de Jean Gerson, docteur en théologie de Paris et chancelier de l'Université, et auteur présumé du célèbre livre de l'Imitation de Jésus-Christ. Ce

Mss. date des premières années du règne de Louis XII.

Il est écrit sur 44 feuillets en vélin illustrés de 29 miniatures ; la première lettre de chaque chapitre est en or bistré sur fond de couleur.

Les armoiries qui se trouvent au verso du premier feuillet, et qui sont souvent répétées à la fin des chapitres, sont probablement celles de la famille pour laquelle ce manuscrit a été fait.

9 — **Grande tablette d'ivoire sculptée,** provenant de la reliure d'un évangéliaire.

Le centre du bas-relief, divisé en trois arcs plein cintre, représente dans celui du milieu la Vierge tenant le divin Enfant, qui bénit à la manière latine ; sous les arcs de droite et de gauche, sont deux figures debout : Isaïe portant le volume qui renferme ses prophéties, et Melchisédech tenant l'encensoir d'une main et l'encensier ou boîte à encens de l'autre.

Au-dessus de cette arcature, deux anges soutiennent un disque contenant le buste jeune et imberbe du Christ donnant encore la bénédiction : cette composition est visiblement empruntée des tombes antiques du cinquième au sixième siècle.

Le bas du tableau représente la Nativité et l'Ange annonçant aux bergers la naissance du Sauveur.

Cet ivoire, un des plus importants qui existent dans les musées de l'Europe, et d'un style si élégant que l'on serait tenté de l'attribuer à l'époque de la renaissance, est monté en argent doré. Ouvrage allemand du dixième au onzième siècle.

Haut. 36 cent. 1/2. Larg. 26 cent. 1/2.

10 — Autre bas-relief d'ivoire ayant eu le même emploi ; il représente non pas le Crucifiement, comme on pourrait le croire au premier abord, mais une allégorie tout à fait inédite, pour nous du moins, du sacrifice non sanglant de la messe.

Travail très-fin et très-élégant de l'école des bords du Rhin, à la fin du onzième siècle.

Haut. 17 cent. Larg. 12 cent.

11 — Tablette d'ivoire sculptée, provenant de la reliure d'un Missel. Le centre de ce bas-relief présente Jésus-Christ crucifié, ayant à sa droite et à sa gauche plusieurs figures, dont l'une personnifie la Religion Juive, tenant un étendard brisé ; l'autre la Religion nouvelle ; le reste du champ est rempli par les figures en buste du soleil et de la lune, les âmes du purgatoire, des soldats et des figures allégoriques des fleuves.

Ecole des bords du Rhin au onzième siècle.

Haut. 23 cent. Larg. 12 cent.

12 — Autre tablette d'ivoire, de forme presque carrée, sculptée de fort relief, et représentant l'Ascension du Christ, sur un globe étoilé, soutenu par deux anges ; le bas du tableau est occupé par la Vierge, ayant six des apôtres à sa droite et six à sa gauche, tous rangés sur une même ligne, debout, vêtus à l'antique, nu-pieds et le regard tourné vers le ciel.

Au-dessous du groupe du Christ et au-dessus des apôtres, sont deux autres anges également vêtus paraissant voler vers la terre et adresser aux apôtres les paroles suivantes, inscrites en grec et en lettres capitales dans le champ du bas-relief : « Hommes galiléens, pourquoi vous tenez-vous ainsi les yeux levés vers le ciel ? »

Beau travail de Byzance au dixième siècle.

Haut. 15 cent. Larg. 12 cent.

13 — **Autre tablette d'ivoire**. Le Christ en croix ; quatre anges venant du Ciel semblent l'adorer et l'assister. Au pied de la croix, sainte Marie à droite et saint Jean à gauche ; belle bordure en feuillages grecs autour du sujet.

Travail fin de l'école allemande. Douzième siècle.

Haut. 19 cent. Larg. 12 cent.

14 — **Petite tablette en ivoire**, provenant d'un livre. Elle est divisée en deux registres, dont le supérieur représente l'entrée du Christ à Jérusalem ; dans le registre inférieur, la Madeleine essuie de ses cheveux les pieds du Christ, après les avoir arrosés de parfums. Ce bas-relief est sculpté sur le revers d'un diptyque plus ancien, représentant vraisemblablement la descente de Jésus-Christ aux enfers et la résurrection du Lazare.

Travail du dixième au onzième siècle.

Haut. 13 cent. Larg. 9 cent.

15 et 16 — **Deux petites tablettes** du même emploi, divisées chacune en deux registres de bas-relief. Le volet

droit représentant la Transfiguration du Christ; le gauche, l'épisode du Centenier et la Guérison de l'aveugle de Jéricho; le tout dans un encadrement à feuillages.

Travail des bords du Rhin au onzième siècle.

Haut. 8 cent. Larg. 6 cent.

17 — Grande tablette en ivoire de cachalot. La Vierge, couverte d'un riche manteau, coiffée du basilical et d'une couronne, est assise sur un trône, tenant sur ses genoux l'Enfant Jésus nimbé, et dans l'attitude de bénir. Devant elle se présentent les rois mages portant de longs bâtons de voyage et offrant des présents. Ce groupe est surmonté d'un arc qui rappelle l'architecture des églises bâties sur les bords du Rhin aux onzième et douzième siècles. La frise de sa base représente une chasse.

Travail allemand d'un faire curieux au onzième siècle.

Haut. 36 cent. Larg. 15 cent.

18 — Tablette de reliure en ivoire. La Vierge debout portant l'Enfant Jésus; de chaque côté, dans le ciel, un ange vu à mi-corps; à ses pieds un donataire prosterné.

Travail de Byzance du neuvième au dixième siècle.

Haut. 13 cent. Larg. 12 cent.

19 — Grande platine en cuivre doré et émaillé provenant aussi d'une reliure. Cet émail, d'une grande complication de travail, contient tant de figures et de

scènes tirées de l'Ancien et du Nouveau Testament,
mêlées de vers léonins qui en expliquent le sujet,
que nous renonçons encore à le décrire. (V. le Catalogue de M. Labarte, collection Debruge, n° 952.)

Travail allemand de l'école de Cologne, au commencement du treizième siècle.

Haut. 30 cent. Larg. 32 cent.

20 — **Autre grande platine** appliquée sur bois, représentant la Crucifixion. Les têtes des figures sont saillantes, le champ et la bordure richement ornés de
rinceaux d'or sur fond d'émail bleu de deux nuances.

Travail de Limoges du treizième siècle.

Haut. 33 cent. Larg. 24 cent.

21 — **Autre platine** du même genre, également appliquée
sur bois et représentant le même sujet. Le Christ est
en relief. Même fabrique et époque.

Haut. 30. cent. Larg. 19 cent.

22 — **Autre semblable**, encadrée en ébène. Même fabrique et époque.

Haut. 30 cent. Larg. 18 cent.

AUTELS ET RETABLES

23 — **Autel** (pierre d') portatif en marbre lumachelle, de forme carrée, montée en cuivre doré et gravé, enrichie de bas-reliefs en ivoire et de chatons en cristal de roche recouvrant des peintures. Au bas de l'une de ces faces on lit : *Thidernens Abbas dedit ;* l'intérieur, divisé en compartiments, contient de nombreuses reliques. (Collection Dubruge, n° 1477.) Ouvrage allemand du douzième siècle.

Haut. 36 cent. Larg. 27 cent.

24 — **Grand retable d'autel**, de forme cintrée par le haut, fermant à deux volets latéraux ; le tout en cuivre repoussé, doré et émaillé.

Le centre offre une vitrine dans l'intérieur de laquelle deux chatons cruciformes contiennent du bois de la vraie croix ; le fond est décoré de filigrane orné de calcédoines et d'intailles antiques sur diverserses matières.

A droite et à gauche, deux anges de grande proportion, debout et de ronde bosse, tiennent, l'un l'éponge, l'autre la lance de la Passion. Au-dessous, une plaque frappée et de très-beau style représente la Crucifixion entre les quatre emblèmes des évangélistes.

Le stilobate de ce groupe est formé d'une table d'émail d'épargne imitant le cloisonné, qui représente les saintes femmes apportant des parfums au sépulcre du Christ ; deux anges sont auprès du sarcophage entr'ouvert : ce sujet est accompagné d'inscriptions explicatives. Au centre de cet émail est un cristal de roche très-convexe, à l'intérieur duquel une gravure, d'une glyptique tout à fait primitive, représente encore la Crucifixion. Ce cristal est enchâssé dans une riche sertissure de filigrane ornée de perles et de pierreries.

Le couronnement ou cintre du tableau présente une belle arcature trilobée, à la retombée de laquelle est un ange soutenant la vitrine dont nous avons parlé en premier lieu ; l'intérieur des arcs est rempli par des panneaux d'émail semblable à celui du stilobate. Le panneau supérieur représente le Christ bénissant ; les inférieurs, des anges figurant les vertus : *Miseri-cordia, — Justicia*.

Les volets adjacents renferment des frappés de grande dimension et de très-beau style, représentant les apôtres ; des frises de chasse du même travail et des bandes d'émail de plique forment la bordure de ces volets.

Ce rare et important monument est un ouvrage monastique allemand du douzième siècle.

Haut. 58 cent. Larg. 63 cent.

25 — **Autre retable** de même forme et de dimension moindre, fermant également à deux volets.

Le centre est occupé par une croix de Lorraine en filigrane, accotée de deux anges debout et de ronde bosse, dont l'un tient la lance de Longus, l'autre l'éponge de la Passion. Le soubassement, en émail imitant le travail cloisonné, représente en couleur sur fond d'or la visite des saintes femmes au sépulcre du Christ.

Sur les volets se voient les douze apôtres représentés à mi-corps dans le même émail que le sujet du centre : des inscriptions placées auprès de chaque figure indiquent sa personnalité. Même origine et époque que le précédent.

Haut. 38 cent. Larg. 43 cent.

26 — Autre de même forme et travail, présentant les mêmes sujets, mais d'un travail moins soigné peut-être.

Même nationalité et époque.

Haut. 33 cent. Larg. 39 cent.

27 — Grand retable d'autel en bois de chêne sculpté, peint et doré.

Les sujets et les figures sont très-nombreux et offrent des costumes curieux ; les principaux groupes, placés sous de riches couronnements d'architecture gothique, représentent le Portement de croix, le Calvaire et la Descente de croix ; les autres scènes de la vie du Christ sont placées dans de riches tabernacles. Le soubassement du retable contient les douze apôtres.

Travail du nord de la France au commencement du seizième siècle.

Haut. 2 mètres 90 cent. Larg. 3 mètres.

28 — Autre retable de même matière.

Ce retable, moins grand que le précédent, est d'une disposition très-agréable ; on y remarque l'Adoration

.des. bergers, .l'Épiphanie et le Couronnement de la Vierge, le tout finement sculpté de ronde bosse et non doré. — Travail de Flandre au seizième siècle.

Haut. 2 mètres 20 cent. Larg. 1 mètre 95 cent.

28 bis — Autre retable de même matière.

Il représente le Calvaire en trois scènes principales. Le soubassement, contenant quatre groupes également tirés de la Passion, représente, au centre, le patriarche Jacob endormi, du sein duquel s'élève l'arbre généalogique du Christ, dont les ramifications, formant la bordure du retable, s'épanouissent au sommet. — Même nationalité et époque.

Haut. 2 mètres 25 cent. Larg. 2 mètres.

29 — Petit retable de même matière.

Il est de forme carrée et représente seulement la Descente de croix.

Cette scène, riche en figures, est placée comme aux précédents sous un faîtage d'architecture gothique ; le tout de ronde bosse finement peint et doré. Des volets latéraux peints en dedans et en dehors contiennent la suite de l'histoire de Jésus-Christ.

30 — Un petit retable en trois pièces, deux servant de volets, le tout sculpté de bas-reliefs et non doré.

Au centre est la Vierge ; le reste, disposé en archivoltes, contient les figures de saint Jean-Baptiste, saint

Jean l'Apocalypse, sainte Barbe, sainte Catherine d'Alexandrie, saint Christophe et saint Sébastien.

Le style de ce retable, qui appartient à la Suisse allemande, offre un curieux spécimen de renaissance primitive.

Haut. 1 mèt. 7 cent. Larg. 1 mèt. 60 cent.

31 — **Table d'autel** (pour mettre sur) en cuivre doré et émaillé, présentant au centre une croix de Lorraine en filigrane et pierreries.

Beau travail allemand de la fabrique des bords du Rhin, pendant la première moitié du treizième siècle.

Haut. 57 cent. Larg. 30 cent.

31 *bis* — **Autre table d'autel** de même travail, métal et époque, représentant deux anges soutenant une couronne; au bas le buste d'un abbé, sans doute le donataire, avec une inscription latine.

Haut. 57 cent. Larg. 34 cent.

32 — **Autre table** de même, représentant un sujet analogue et une inscription différente.

Haut. 57 cent. Lar. 34 cent.

33 — **Autre table** de même, ayant au centre un quadrilobe émaillé représentant les Vertus.

Haut. 57 cent. Larg. 34 cent.

34 — **Autre table** de même travail et époque, contenant une figure assise (sainte Candide). — Les cinq tables

précédentes formaient ensemble la garniture d'un autel, et proviennent du même lieu.

Haut. 56 cent. Larg. 33 cent.

35 et 36 — Table d'autel en deux volets recouverts en argent repoussé et doré en partie, représentant sur l'un le Christ dans sa gloire, et sur l'autre la Crucifixion.

Haut. 40 cent. Larg. 29 cent.

37 et 38 — Autre table d'autel de même forme, matière et travail, représentant sur un de ses volets la Vierge assise, et sur l'autre l'Annonciation.

Ces deux tables, qui composent ensemble une garniture d'autel, sont un ouvrage de la Suisse allemande de la fin du treizième siècle.

Haut. 48 cent. Larg. 28 cent.

39 — Autre table reposant verticalement sur quatre lionceaux, richement émaillées de figures de saints et d'apôtres, en couleur et à l'imitation du cloisonné, sur fond doré: au centre est une ouverture cruciforme, fermée par un cristal de roche qui laissait voir une croix du bois de la vraie croix. — Travail allemand du douzième siècle.

Haut. 27 cent. Larg. 21 cent.

40 — Petit retable d'autel en bois de chêne sculpté, représentant la Nativité. Ce rétable n'a pas de volets.

41 — **Groupe** en bois de noyer, représentant la mort de la Vierge, provenant d'un retable de même que ceux déjà décrits.

Haut. 58 cent. Larg. 1 mètre.

42 — **Un autre**, même sujet, en bois de chêne.

Haut. 70 cent. Larg. 50 cent.

43 — **Un autre**, même sujet, en bois de noyer.

Haut. 60 cent. Larg. 55 cent.

44, 45, 46 et 47 — **Quatre groupes** faisant suite à celui ci-dessus, représentant l'Annonciation, la Visitation, la Nativité et la Circoncision.

48 — **Groupes** en bois de chêne, représentant la Descente de la croix.

Haut. 60 cent. Larg. 50 cent.

49 — **Un autre**, même sujet, en bois de chêne.

Haut. 50 cent. Larg. 45 cent.

50, 51, 52 et 53 — **Quatre groupes** en noyer peints et décorés, représentant la Vie de saint Pierre.

Haut. 90 cent. Larg. 40 cent.

CALICES, BURETTES

MONSTRANCES, COLOMBES, CIBOIRES, CUSTODES, etc.

54 — **Calice** en argent repoussé et doré, enrichi de vingt-sept panneaux d'émail de basse-taille (dit translucide), représentant le Christ en croix et des saints en buste, etc., avec l'inscription : *Andreas Arditi de Florentia me fecit.* — Commencement du quinzième siècle. (Collection Debruge, n° 906.)

Haut. 23 cent. Diam. 14 cent.

55 — **Autre calice** italien en cuivre repoussé et doré, contenant dix-huit panneaux d'émail de basse-taille, représentant l'*Ecce Homo,* la Vierge, etc.; il porte l'inscription : *Ghoro si ser Neroccio Orafo da Siena,* 1415. (Collection Debruge, n° 907.)

Haut. 26 cent. Diam. 16 cent.

56 — **Autre calice** italien de même matière et travail, contenant vingt-quatre panneaux d'émail de basse-taille, représentant des scènes de la vie du Christ; il est accompagné de sa patène. — Commencement du seizième siècle.

Haut. 27 cent. Diam. 19 cent.

57 — **Autre calice** en cuivre doré et repoussé; la corolle qui supporte la coupe est d'émail peint, et représente divers bustes de saints. — Ouvrage vénitien de la première moitié du seizième siècle.

Haut. 20 cent. Diam. 15 cent.

58 — **Calice** en argent doré et gravé et orné de feuillages et claires-voies de style gothique, avec patène. — Travail allemand de la même époque.

Haut. 17 cent. Larg. 12 cent.

59 — **Calice** d'argent doré et repoussé, richement orné; il représente la Crucifixion, les Évangélistes, les Apôtres, etc.; sur la patène est figuré saint François d'Assises. — Travail allemand du milieu du seizième siècle. (Collection Debruge, n° 926.)

Haut. 26 cent. Larg. 16 cent.

60 — **Calice** en cristal de roche, taillé en spirales godronnées, monté en argent richement émaillé et doré de basse-taille à fleurs et feuillages, avec la patène en argent gravé et émaillé de basse-taille.

Haut. 24 cent. Larg. 18 cent.

61 et 62 — **Deux Burettes** également en cristal de roche, godronnées, montées et émaillées de même que le calice, dont elles sont l'accompagnement.

Travail allemand de la fin du seizième siècle. (Collection Debruge, n° 913.)

Haut. 15 cent.

63 — **Grande Burette** en cristal de roche biseauté, avec anse prise dans le même; la monture en argent doré, ciselé et émaillé. Travail allemand du quinzième siècle. (Collection Debruge, n° 905.)

Haut. 22 cent.

2

64 — Autre Burette en même matière montée en argen'
ciselé et doré, même travail et époque. (Collection
Debruge, n° 904.)

Haut. 23 cent.

65 et 66 — Deux petites Burettes sans anses en argent
uni, rehaussé de moulures perlées et dorées : l'une'
porte le sigle A, l'autre le sigle V (*Aqua, Vinum*).
Même nationalité et époque.

Haut. 14 cent.

67 — Calice d'argent doré enrichi de 36 panneaux d'émail
de basse-taille représentant le Christ en croix, des
saints et des ornements avec inscriptions et têtes de
chérubins; la corolle qui supporte la coupe est
formée de têtes de chérubins dont l'émail de basse-
taille a été détruit en partie.

Haut. 22 cent. Diam. 15 cent.

68 — Calice en argent doré et finement ciselé de style gothique. Le pied trilobé, le nœud et la corolle sont formés
de ceps de vigne enlacés, entièrement évidés à jour;
d'un travail très-fin.

Il porte trois écussons armoriés et une inscription
allemande gravée sous le pied : il possède sa patène.
Seizième siècle.

Haut. 24 cent. Diam. 15 cent.

69 — Calice en argent doré de style gothique ogival ; la
base du pied offre le Christ en croix de ronde bosse,

les symboles des évangélistes gravés, un écusson armorié et des légendes inscrites sur des banderoles.

Travail allemand du seizième siècle.

Haut. 21 cent. Diam. 16 cent.

70 — **Monstrance** en cuivre doré avec cylindre vertical en
verre lisse, richement ornée d'architecture gothique
et de gravure.

Beau travail allemand du commencement du seizième siècle.

Haut. 85 cent.

71 — **Petite Monstrance** en argent doré de même forme
et style, portant deux écussons émaillés des insignes
d'une corporation de tailleurs de pierres.

Ouvrage flamand de la même époque.

Haut. 50 cent.

72 — **Autre petite Monstrance** de même métal et forme,
représentant la Vierge sous l'arcature de la flèche,
et d'autres figures.

Ouvrage flamand de la même époque.

Haut. 42 cent.

73 — **Grande Colombe** eucharistiale, en cuivre doré et
émaillé; elle repose sur un bassin orné de cristaux
de roche.

Travail de Limoges du milieu du treizième siècle.

Haut. 21 cent. Diam. 19 cent.

— 22 —

74 — Autre Colombe de même travail et époque, reposant sur une enceinte tourellée et crénelée.

Haut. 18 cent. Diam. 19 cent.

75 — Autre Colombe de même genre dont la base, également tourellée, est de forme carrée. — Même travail et époque.

Haut. 21 cent. Diam. 15 cent.

76 — Autre Colombe de même travail et époque reposant sur une base à quatre branches qui servaient, comme l'on sait, à les suspendre au-dessus de l'autel.

Haut. 17 cent. Diam. 22 cent.

77 — Autre de même forme, fabrique et époque.

78 — Ciboire en cuivre doré et émaillé de figures d'anges ; le pied, de même travail, est orné d'une riche arabesque de feuillages.

Ouvrage de Limoges, fin du treizième siècle.

Haut. 30 cent. Diam. 15 cent.

79 — Custode de forme cylindrique à couvercle convexe en cuivre doré et gravé, avec ce vers léonin qui en explique l'usage : *Intus portatur perquot mundus satiatur.*

Travail allemand du douzième siècle. (Collection Debruge, n° 950.)

Haut. 7 cent. Diam. 6 cent. 1/2.

80 — **Autre** de même forme, mais plus grande, en cuivre doré et richement émaillé de figures à l'extérieur et à l'intérieur.

Travail italien du quatorzième siècle. (Collection Debruge, n° 684.)

Haut. 10 cent. Diam. 9 cent.

81 — **Autre Custode** de même genre, fabrique et époque.

Haut. 10 cent. Diam. 10 cent.

82 — **Custode** de forme carrée à couvercle conique, en cuivre doré et émaillé, de travail très-fin. (Nous la croyons de la main de maître Alpais, l'auteur du beau Ciboire du musée impérial.)

Fabrique de Limoges, milieu du treizième siècle.

Haut. 10 cent. (large). Diam. 8 cent.

83 — **Custode** cylindrique basse à couvercle conique en cuivre doré et émaillé.

Travail de Limoges au treizième siècle.

Haut. 13 cent. Diam. 7 cent.

84 — **Autre Custode** de même genre et forme, même fabrique et époque.

Haut. 9 cent. Diam. 7 cent.

85 — **Autre Custode** semblable, ornée de trois cabochons verts; même origine et époque.

Haut. 9 cent. Diam. 7 cent.

Bazilewski

86 — **Autre Custode** du même genre sans cabochons ; même fabrique, du quatorzième siècle.

Haut. 10 cent. Diam. 7 cent.

45

Bonnvengerd

87 — **Autre Custode** de même forme et travail, pour l'extrême-onction.

Travail de Limoges du treizième siècle.

Haut. 10 cent. Diam. 7 cent.

41

Osmont

88 — **Autre Custode** de même genre, etc.

Haut. 11 cent. Diam. 7 cent.

47

Bonnvengerd

89 — **Autre semblable.**

Haut. 11 cent. Diam. 6 cent.

48

Goran

90 — **Custode** ou coffret rectangulaire en cuivre doréet émaillé de figures et rinceaux.

Travail des bords du Rhin.

Haut. 5 cent. 1/2. Long. 13 cent.

375

Jacob

91 — **Autre** de même forme et travail.

Haut. 5 cent. Larg. 11 cent. sur 7 cent.

326

Webb

92 — **Autre Custode** de même forme et travail.

Haut. 6 cent. Larg. 10 cent. sur 5 cent.

500

93 — **Grande Réserve ou Tabernacle** en bois sculpté, de forme prismatique avec flèche de style gothique, offrant des bas-reliefs qui représentent divers sujets de l'Ancien Testament.

Courinne

Travail français du quinzième siècle.

Haut. 3 mèt. 30 cent. Diam. 84 cent.

475

CROIX

94 — Croix en bois de cèdre (présumé de la vraie croix),
revêtue sur toutes ses faces d'une platine d'or fin. La
partie antérieure, sur laquelle repose un crucifix
d'ivoire de morse, est ornée de filigrane et cantonnée
du tétramorphe en émail cloisonné à la manière grecque. Au-dessus et de même travail, l'inscription :
Jesus Nazarenus. La platine postérieure présente des
ornements frappés.

Ce reliquaire, précieux à plus d'un titre, et dont on
conserve l'analogue dans le trésor de la cathédrale de
Milan, est le crucifix d'ivoire le plus ancien que nous
ayons vu.

Ouvrage de l'école des bords du Rhin au onzième
siècle.

Haut. 18 cent. Larg. 14 cent.

95 — Croix d'autel en cuivre fondu, ciselé et doré, au
pied de laquelle sont assis trois anges dans le sens
triangulaire du pied.

Beau travail allemand de la fin du douzième siècle.
(Collection Debruge, n° 332.)

Haut. 39 cent. Larg. 14 cent

96 — Croix (platine provenant d'une) en cuivre doré et
émaillé, dont le Christ est rendu en émail de couleur
sur fond de métal.

Travail de Limoges du douzième siècle.

Haut. 38 cent. Larg. 25 cent.

97 — **Autre** semblable et par le même artiste ; elle n'en diffère qu'en ce qu'elle est plus grande et qu'elle présente une figure vue à mi-corps au haut de la croix.

Haut. 43 cent. Larg. 30 cent.

98 — **Autre platine** de cuivre doré et émaillé également
détachée d'une croix d'autel.

Le Christ est réservé en métal sur fond d'émail
bleu semé d'astéroïdes ; le milieu ou fermail de la
ceinture qui retient la draperie du Christ est orné
d'un cabochon.

Travail de Limoges du milieu du treizième siècle.

Haut. 29 cent. Larg. 23 cent.

99 — **Autre platine** de semblable origine, dont le Christ,
d'applique, est repoussé en bosse sur fond émaillé. —
Limoges, même époque.

Haut. 30 cent. Larg. 19 cent.

100 — **Pied de Croix** de forme convexe, orné de filigranes et de rinceaux en cuivre doré avec appliques
en argent niellé.

Beau travail allemand de la première moitié du
treizième siècle.

Haut 20 cent. Larg. 15 cent.

101 — **Petite Croix** d'argent gravé de style gothique, avec
médaillons émaillés de basso-taille (translucide).
Ouvrage allemand du quatorzième siècle.

Haut. 29 cent. Larg. 24 cent.

102 — **Croix** en cuivre doré, ornée sur une face de filigrane enrichi de cristaux de roche sous lesquels sont de fines peintures, et de chatons en pierreries; le revers est taillé à feuillages.

Beau travail allemand de la première moitié du treizième siècle.

Haut. 52 cent. Larg. 86 cent.

103 — **Très-grande Croix** en argent doré, richement repercée de claires-voies d'ornementation gothique, sur fond d'émail bleu et vert, avec de nombreuses figures d'applique en argent repoussé, et riches travaux d'architecture au nœud ainsi que sur les transepts et le sommet.

Cette œuvre, d'un travail immense et d'un aspect vraiment magnifique, appartint à la Suisse allemande vers la seconde moitié du quinzième siècle.

Haut. 1 mèt. 10 cent. Larg. 67 cent.

104 — **Croix** en cuivre repoussé et doré dont le champ est orné de panneaux d'argent à rinceaux de fleurs et figures en émail de basse taille.

Travail allemand de la fin du quinzième siècle.

Haut. 60 cent. Larg. 35 cent.

105 — **Petite Croix** en argent, partie dorée, représentan au centre un opercule cruciforme vitré de verre rouge et l'inscription : *De ligno sancte crucis vere.*

Seconde moitié du quinzième siècle.

Haut. 25 cent. Larg. 17 cent.

106 — **Croix** d'argent repoussé et doré en partie, avec quadrilobes d'émail de basse taille ; de la base de la croix partent deux consoles transversales qui soutiennent les figures de la Vierge et de saint Jean.

Orfévrerie allemande du commencement du seizième siècle.

Haut. 50 cent. Larg. 17 cent.

107 — **Très-petite Croix** de même forme en cuivre doré et ciselé, style de la renaissance.

Travail allemand du seizième siècle.

Haut. 13 cent. Larg. 7 cent.

108 — **Croix de Lorraine**, ou à double transept, en cuivre doré, richement ornée de filigranes sur les deux faces et de chatons d'orfévrerie, donnant ouverture à de petites loges qui servaient à renfermer des reliques.

Ouvrage de Limoges du treizième siècle.

Haut. 57 cent. Larg. 21 cent.

109 — **Croix processionnelle** en cuivre doré et gravé. Le Christ est de ronde bosse et de style très-primitif ; les extrémités pattées de la croix sont ornées de rosaces.

Première moitié du douzième siècle.

Haut. 48 cent. Larg. 25 cent.

110 — **Petite Croix** processionnelle en cuivre doré et ciselé appliqué sur bois ; le champ de la croix est

revêtu de platines d'argent sur lesquelles sont appliquées des rosettes de même métal, émaillées de couleurs diversse.

Travail français de la fin du quatorzième siècle.

Haut. 41 cent. Larg. 22 cent.

111 — Grande et belle Croix processionnelle en argent frappé et appliqué sur bois.

Le Christ est repoussé de ronde bosse, avec les figures de Dieu le Père, de la Vierge, etc., sur un fond frappé à feuillage et à fleurs. Cette croix a sa hampe en bois sculpté.

Travail français de la seconde moitié du quinzième siècle.

Hant. 82 cent. Larg. 48 cent.

112 — Grande Croix processionnelle en cuivre repoussé, doré et appliqué sur bois. La composition et les figures de cette croix offrent beaucoup d'analogie avec la précédente.

Travail italien de style renaissance du commencement du seizième siècle.

Haut. 88 cent. Larg. 50 cent.

113 — Croix de forme dite de Lorraine, en cuivre doré, gravée à rinceaux et enrichie de chatons de cristal et autres gemmes.

Le Christ est repoussé et les épattements de la

croix, ainsi que les revers, sont ornés de figures de saints et d'anges de même travail.

Limoges, treizième siècle.

Haut. 62 cent. Larg. 36 cent.

114 — **Croix** en cristal de roche offrant le Christ et les Évangélistes, gravés en creux, avec monture en argent doré.

Le pied de forme triangulaire, surmonté d'un balustre sur lequel repose la croix, est en argent doré, orné d'arabesques émaillées de basse taille, et enrichi de plaques en cristal de roche, dont trois sont gravées et représentent des sujets tirés de la vie du Christ.

Travail italien de la seconde moitié du seizième siècle.

Haut. 77 cent. Larg. 25 cent.

115 — **Croix** en cuivre doré et gravé; le Christ de ronde bosse.

Travail italien du commencement du treizième siècle.

Haut. 40 cent. Larg. 20 cent.

116 — **Croix** en cuivre doré et gravé, avec Christ et figures de ronde bosse. Les épattements de la croix sont ornés de plaques d'émail d'épargne; au revers, l'agneau pascal et des ornements gravés.

Haut. 49 cent. Larg. 31 cent.

BASSINS DE CHAPELLE

117 et 118 — Bassins de chapelle (une paire de) à laver les mains, en cuivre, émaillé de figures et d'armoiries autrefois dorées.

L'un des deux est pourvu d'un goulot pour tenir lieu d'aiguière.

Ces bassins, la seule paire complète que nous ayons vue, sont de travail de Limoges et du milieu du treizième siècle.

Diam. 22 cent.

119 — Autre bassin (à verser) seul, de même métal, fabrique et époque.

Diam. 23 cent.

120 — Autre également pour verser. *Idem.*

Diam. 23 cent.

CHANDELIERS

121 — Chandelier pascal en bronze fondu à cire perdue et doré composé d'une tige à trois nœuds, supportant une grande patère hémisphérique accotée de trois chimères détachées en relief et d'une base triangulaire, sur laquelle sont assises plusieurs figures.

Ces diverses figures sont formées d'un entrelacement aussi riche que curieux, de feuillages, de figures et de monstres dans les attitudes les plus bizarres et les plus variées ; le tout repercé à jour et de ronde bosse.

Des phylactères réservés entre ces ornements portent l'inscription suivante, commençant sur le bord extérieur de la patère et se continuant en spirale sur la longueur de la tige :

Lucis onus, virtutis opus, doctrina refulgens
predicat, ut vicio non tenebretur homo.

Abbatis Petri gregis et devotione mitis,
me dedit ecclesie sancti Petri Glocestre.

Une autre inscription, gravée postérieurement, se lit à l'intérieur de la patère :

Hoc Cenomanensis res ecclesie Pociensis, Thomas dicavit
cum sol annum renovavit.

Comment ce chandelier, fondu pour l'église de Glocester, s'est-il retrouvé au Mans, donné par Thomas à une église du pays ? A-t-il été fabriqué en Angleterre, comme sa première destination le ferait penser, ou en France, où il est resté ? Son analogie frappante de style et d'exécution avec le cloître de Saint-Aubin d'Angers, œuvre monastique aussi bien que lui, nous ferait pencher pour cette dernière opinion ; le séjour prolongé au Mans (1164 à 1170) de Thomas Becket (saint Thomas de

Cantorbéry), par suite de ses démêlés avec Henri Plantagenet, aura occasionné peut-être ce changement de destination.

Quoi qu'il en soit de ces hypothèses, ce chandelier, qui n'a d'analogue dans son genre que l'immense chandelier (Arbor) de la cathédrale de Milan, auquel nous n'avons certes pas la prétention de le comparer, reste, après lui, le monument de son espèce le plus précieux et le plus intéressant qui existe.

Haut. 50 cent.

122 — **Chandeliers d'autel** en cuivre émaillé, d'épargne, en couleur sur fond doré ; les patères, les nœuds et le corps des tiges de même travail.

Ouvrage allemand du douzième siècle.

123 — **Autres chandeliers d'autel** de même matière et travail, mais à doubles nœuds.

Ouvrage de Limoges de la fin du douzième siècle.

Haut. 25 cent.

124 **Autres** de même matière et travail, avec cette différence que le métal réservé forme le dessin et l'émail le fond, ce qui est le contraire dans les précédents ; un seul nœud à la tige.

Limoges, treizième siècle.

Haut. 22 cent.

125 — **Autres** de même matière et travail, double nœud à la tige et bossettes d'applique sur les trois faces du pied.

Limoges, fin du treizième siècle.

Haut. 31 cent.

126 — **Chandelier d'autel** en cuivre fondu et poli dont la base, formée d'entrelacs, est ornée de trois animaux chimériques.

Travail allemand du douzième siècle.

Haut. 23 cent.

127 — **Chandeliers** (une paire de) de même matière et travail, dont la tige est supportée par le cerf symbolique.

Même fabrique et même date.

Haut. 21 cent.

128 — **Pied de chandelier** formé de rinceaux triangulaires, cantonné de trois figures d'anges et animaux découpés à jour.

Travail allemand du douzième siècle.

INSTRUMENTS DE PAIX

129 — Paix en argent doré, de riche architecture gothique, sous laquelle est un groupe représentant l'Assomption de la Vierge.

Orfèvrerie flamande du commencement du seizième siècle.

Haut. 33 cent. Larg. 19 cent.

130 — Autre Paix, plus petite, en même métal et de style renaissance, représentant une *Pietà* (le Christ mort sur les genoux de sa mère).

Même nationalité et époque.

Haut. 9 cent.

131 — Paix en ivoire sculpté, représentant l'archange Michel armé et terrassant le démon.

Travail français du quinzième siècle.

Haut. 12 cent. Larg. 9 cent.

CHASSES

132 — Très-grand Reliquaire ou **Châsse**, de forme quadrilataire, représentant un édifice à quatre transepts, entouré de portiques soutenus par des colonnes et surmonté d'une coupole à godrons; sous les portiques sont seize figures en ivoire (de

3

morse), en pied et de ronde bosse, représentant
les prophètes. Autour de la base de la coupole sont
les statues assises des douze apôtres, en même
matière et travail.

Le centre ou porte des quatre transepts est rempli
par autant de bas-reliefs en ivoire, représentant les
sujets de la mort et de la résurrection de Jésus-
Christ. L'édifice ainsi que ses toitures est entièrement couvert en cuivre doré. et richement émaillé
d'admirables rinceaux et compartiments de diverses
couleurs, en style byzantin, sur fond d'or (1).

Ouvrage monastique de la grande école d'orfévrerie religieuse des bords du Rhin (Cologne), exécuté
pendant le douzième siècle.

Haut. 55. cent. Diam. 50 cent.

133 — Autre Reliquaire de même forme, mais plus petit et
sans figures; il est orné de frises en filigrane enrichi
d'émail et de pierreries. (Collection Debruge, n° 951.)

Travail de l'école des bords du Rhin pendant la
première moitié du treizième siècle.

Haut. 34 cent. Larg. 18 cent.

134 — Coffre à reliques de forme carrée oblongue, garni
de clous sphériques sur tous ses angles, le tout en
cuivre doré.

---

(1) Ce reliquaire, le plus important peut-être qui existe et d'une forme particulière à l'Allemagne, n'a son analogue que dans le trésor du roi de Hano-
vre; encore ce dernier est-il moins ancien d'un quart de siècle et bien inférieur en beauté sous le rapport de l'ornementation. Cet objet est figuré dans
la livraison de novembre et décembre 1860 des *Annales archéologiques*, t. XX,
p. 307.

Il est entièrement émaillé, de travail d'épargne imitant le cloisonné, et représente sur le couvercle l'agneau symbolique. Sur les parois du coffre sont les douze apôtres. Ce reliquaire, œuvre de l'école du Rhin, est le plus ancien spécimen d'orfévrerie de cuivre émaillé d'épargne que nous connaissions, étant de la fin du onzième siècle.

(Collection Debruge, n° 662.) — Travail des bords du Rhin.

Haut. 9 cent. Long. 23 cent. Larg. 13 cent.

135 — Châsse en cuivre doré et émaillé, de forme carrée oblongue, avec couvercle en dos d'âne et crête.

Elle représente le Christ et les Apôtres émaillés en couleur sur fond d'or.

Travail allemand de la fin du douzième siècle.

Haut. 22 cent. Long. 19 cent. Larg. 15 cent.

136 — Châsse en cuivre fondu, ciselé et doré, dont le couvercle est surmonté d'une croix branchue et d'un groupe de figures représentant la Descente de croix.

Ce curieux reliquaire est un ouvrage allemand du douzième siècle.

Haut. 45 cent. Larg. 26 cent.

137 — Châsse à transepts en cuivre doré, ornée de cabochons en cristal et autres pierres; elle représente, dans sa partie antérieure, l'Adoration des Mages en figures d'applique et de ronde bosse, émaillées en couleur, de manière à imiter le cloisonné.

Travail de Limoges de la première moitié du treizième siècle.

Haut. 30 cent. Long. 30 cent. Larg. 12 cent.

138 — **Autre Châsse** sans transepts, de même matière et travail.

Elle présente antérieurement dix figures : le Christ et les saints, ciselés en relief sur fond d'émail.

Mêmes origine et époque.

Haut. 22 cent. Long. 21 cent. Larg. 8 cent.

139 — **Autre Châsse** par le même artiste et de même travail. L'ornementation est aussi la même, si ce n'est que quelques-unes des figures présentent, dans une partie de leur costume, des incrustations d'émail à la manière du douzième siècle.

Haut. 20 cent. Long. 22 cent. Larg. 8 cent.

140 — **Autre Châsse** en émail d'épargne plus riche d'ornementation. Elle offre la Crucifixion, le Christ dans sa gloire et seize figures d'apôtres et saints. La crète est d'une finesse remarquable.

Mêmes origine et époque.

Haut. 19 cent. Long. 17 cent. Larg. 9 cent.

141 — **Très-grande Châsse** à transepts et de même émail, décorée d'arcades trilobées sur fond de rinceaux, se détachant sur émail de diverses couleurs. La face antérieure représente dans le milieu du transept le Christ dans sa gloire, ayant à sa droite saint Martin et à sa gauche saint Calmine, duc d'Aquitaine et fondateur des monastères de Saint-Théophre en Velay et de Mosac en Auvergne, pour les reliques duquel cette châsse a été faite.

Le revers de la châsse est orné de cinq médaillons

.de même travail, contenant des sujets tirés de la vie du Christ; le tout sur fond semblable au précédent.

La crête est enrichie de cristaux de roche sphériques.

Ouvrage de Limoges du milieu du treizième siècle.

Haut. 60 cent. Long. 69 cent. Larg. 20 cent.

142 — Autre Châsse, moins grande, décorée antérieurement de plaques d'émail d'épargne avec appliques de figures en cuivre repoussé et doré, représentant la Crucifixion, le Christ dans sa gloire, et des anges. — Mêmes fabrique et époque.

Haut. 43 cent. Long. 37 cent. Larg. 19 cent.

143 — Autre Châsse de même travail et époque, représentant dans la partie supérieure de sa face l'Ensevelissement du Christ; la partie inférieure présente les saintes femmes allant visiter son sépulcre.

(Collection Debruge, n° 676.)

Haut. 19 cent. Long. 23 cent. Larg. 9 cent.

144 — Autre Châsse de même travail, représentant le Christ dans sa gloire, et au-dessous trois figures de saints sur fond d'émail semé d'astéroïdes.

Haut. 23 cent. Long. 22 cent. Larg. 9 cent.

145 — Autre Châsse de même travail, représentant le Christ dans sa gloire et les saintes femmes.

Haut. 20 cent. Long. 19 cent. Larg. 8 cent.

146 — Autre Châsse de même travail et époque.

Alibert

Elle représente le Christ dans sa gloire et plusieurs figures d'apôtres ou saints.

Haut. 24 cent. Long. 18 cent. Larg. 8 cent.

601

147 — Autre Châsse de même, représentant, sur la partie antérieure, six anges à mi-corps et de grandes rosaces d'un travail fin et rehaussé de cabochons.

Malinet

Haut. 24 cent. Long. 24 cent. Larg. 10 cent.

720

148 — Petite Châsse en cuivre gravé, argenté et doré, avec couvercle plat un peu arrondi et surmonté d'une croix. Les figures, qui représentent des scènes de la vie du Christ, se détachent, ainsi que les accessoires, en argent sur fond doré.

Malinet

Ouvrage probablement allemand du douzième siècle.

Haut. 11 cent. Long. 17 cent. Larg. 9 cent.

640

149 — Châsse émaillée et dorée.

Jacob

Elle offre dans la partie supérieure l'agneau symbolique entre deux bustes de saints; la partie inférieure représente trois bustes de saints, et les côtés, des figures de saints en pied. Le revers est décoré de six rosaces : la crête manque. Ouvrage de Limoges.

Haut. 24 cent. Long. 35 cent. Larg. 9 cent.

1000

150 — **Châsse** en émail d'épargne, décorée antérieurement de sujets tirés de la vie du Christ, placés sous des arceaux dont le fond bleu est semé de fleurs de lis. Le revers, à compartiments bleus et rouges, est également semé de fleurs de lis; la galerie est à colonnettes supportant des arceaux à ogives. Même fabrique, quatorzième siècle.

Haut. 20 cent. Long. 24 cent. Larg. 10 cent.

RELIQUAIRES

151 — **Grande Statuette** de la Vierge en cuivre battu, doré et appliqué sur bois.

Elle est assise sur un trône émaillé d'épargne représentant l'Annonciation; le revers du siége offre un panneau servant de porte pour insérer des reliques dans l'intérieur du monument, sur lequel est découpé à jour le vase de lis qui sépare d'ordinaire les deux figures de ce sujet.

Travail de Limoges au treizième siècle.

Haut. 52 cent.

152 — **Autre Reliquaire** de même forme et de moindre dimension, mais entièrement en métal; le siége, de même forme, est richement émaillé d'épargne. — Mêmes fabrique et époque.

Haut. 39 cent.

Report 310,891

153 — Statuette de la Vierge, en cuivre doré et incrusté de turquoises et d'hyacintes, en émail.

Elle est assise sur un siége de même métal émaillé, dont le dossier représente l'Assomption.

Limoges, deuxième moitié du treizième siècle.

Haut. 29 cent. 1/2.

154 — Autre Statuette de la Vierge, du même genre, dont les vêtements sont émaillés. Le siége manque. — Même fabrique et époque.

155 — Reliquaire en cuivre repoussé et doré, enrichi de pierreries.

Il est de forme rectangulaire, ayant au centre une vitrine circulaire qui contient des reliques, laquelle est entourée d'anges. Douzième siècle.

156 — Platine détachée d'une châsse ou d'un reliquaire.

Elle représente le scribe de la vision d'Ezéchiel, marquant, par l'ordre de Dieu, les élus d'Israël du *tau* qui doit les protéger contre l'ange exterminateur. Travail allemand du douzième siècle.

Haut. 10 cent. Larg. 15 cent.

157 et 158 — Deux Platines également détachées d'une châsse.

Elles représentent, l'une, saint Simon, l'autre, saint Jean; ces figures sont repoussées de haut re-

A Reporter 313,926

lief et dorées, sur un fond richement émaillé à rinceaux et fleurs.

Beau travail de Limoges de la première moitié du treizième siècle.

Haut. 28 cent. Larg. 15 cent.

159 — Autre Platine de même travail et forme, représentant l'apôtre saint Philippe.

Haut. 29 cent. Larg. 14 cent.

160 — Autre Platine de même provenance et de même travail, mais de forme elliptique.

Elle représente l'apôtre saint Paul.

Haut. 25 cent. Larg. 14 cent.

161 — Pied de reliquaire, de forme conique, orné de trois lézards et d'inscriptions qui désignent les reliques que le reliquaire renfermait autrefois.

Limoges au treizième siècle.

Collection Debruge, n° 679.

Haut. 14 cent. Diam. 12 cent.

162 — Reliquaire en cuivre doré, de forme carrée, terminé par un fronton aigu et flanqué de deux tubes en cristal de roche figurant des tourelles; un encorbellement de forme demi-circulaire, également en cristal, termine par le bas la partie supérieure du reliquaire, qui est en outre ornée de filigrane et d'un niellé représentant la Vierge.

Le pied, formé en amortissement, est décoré de

feuillages d'applique et de quatre bas-reliefs de taille contenant la légende du saint. Quatre petites figures accroupies servent de supports à ce pied.

Ouvrage de la première moitié du quatorzième siècle.

Haut. 33 cent. Larg. 11 cent.

163 — **Reliquaire** formé d'un cylindre prismatique en cristal de roche, richement monté en filigrane et supporté horizontalement par quatre figures d'anges debout sur un socle orné d'écussons armoriés. La crête qui surmonte le reliquaire est formée d'un riche filigrane espacé par de petites tourelles en cristal de roche qui contenaient aussi des reliques.

Ce rare et beau reliquaire est un produit de l'orfèvrerie française au treizième siècle.

Collection Debruge, n° 953.

Haut. 34 cent. Long. 30 cent. Larg. 15 cent.

164 — **Chef** en cuivre battu et doré, dont la figure, d'assez grand style, quoique d'un travail peu terminé, est représentée les yeux fermés ; ce qui indiquerait que ce chef renfermait le crâne d'un martyr qui avait subi la décapitation : peut-être saint Maxien ou saint Julien, saint Lucien ou saint Denis.

Limoges, treizième siècle.

Haut. 25 cent. Diam. 16 cent.

165 — **Autre Chef**, de même travail et métal, mais plus fini. Une inscription tracée sur la base nous apprend

qu'il renfermait le crâne de saint Gonsald, avec
d'autres reliques.

Haut. 23 cent. Diam. 18 cent.

166 — Reliquaire en forme de bras (pour contenir un os
du), en lames d'argent partie dorées et appliquées
sur bois, figurant la manche de la cotte et du surcot,
avec parement d'un large filigrane mêlé de pierreries vers le poignet; le tout sur une base évidée à
pleins cintres et ornée de médaillons frappés.

Orfévrerie allemande du treizième siècle.

Haut. 63 cent.

167 — Autre Bras de même travail, offrant une vitrine
pour apercevoir la relique (un humérus) et un
écusson écartelé.

Ouvrage allemand du quatorzième siècle; même
métal.

Haut. 52 cent.

168 — Autre Bras en argent repoussé; vers le poignet est
une petite claire-voie délicatement repercée pour
laisser également voir la relique.

Même nationalité; quinzième siècle.

Haut. 51 cent.

169 — Reliquaire d'argent doré en forme d'édifice, de peu
d'épaisseur, divisé en trois frontons aigus contenant
autant de figures en pied de martyrs portant leur
tête dans les mains, avec l'inscription de leurs

noms : Saint Maxianus, saint Lucianus, saint Julia-
nus. Sur la face postérieure trois ouvertures corres-
pondantes laissaient voir leurs reliques.

Orfévrerie française au quatorzième siècle.

Haut. 20 cent. Larg. 13 cent.

170 — Reliquaire d'argent battu et fondu de ronde bosse
et de grand travail.

Il représente sainte Anne assise sur un très-
riche siége surmonté d'un dais d'architecture gothique. La sainte tient sur ses genoux la jeune
Vierge Marie debout auprès de son jeune frère. Ces
figures sont coloriées, vêtements et carnation, de
couleurs au naturel.

Orfévrerie de la Suisse allemande au quinzième
siècle.

Collection Debruge, n° 304.

Haut. 48 cent. Larg. 21 cent.

171 — Reliquaire de même métal et travail, doré et non
peint, représentant la Vierge assise sur un siége
d'architecture gothique.

Elle est revêtue d'une robe longue et d'un manteau richement drapé ; une vitrine pratiquée au milieu de l'abdomen de l'Enfant divin indique qu'il y
avait là autrefois une relique (*de ombilico*) vraisemblablement.

Très-belle orfévrerie française du commencement du quinzième siècle.

Haut. 34 cent. Diam. 19 cent.

172 — Reliquaire de même matière et travail de ronde bosse. Il représente saint Sébastien lié à un arbre, partant d'un stilobate prismatique orné de feuillages et de figures de très-riche travail, portant une inscription et la date de 1497.

OEuvre très-importante de la Suisse allemande.

Haut. 50 cent.

173 — Autre Reliquaire de grand travail et de même forme, par le même artiste, également en argent partie doré.

Il représente saint Christophe portant le Christ enfant et s'appuyant sur un arbre ébranché. Inscription et date de 1593.

Haut. 45 cent.

174 — Autre Figure reliquaire en même métal représentant aussi saint Christophe.

Ouvrage allemand de la deuxième moitié du quinzième siècle.

Haut. 45 cent.

175 — Petit Ossuaire en forme de châsse en cuivre doré, avec toiture imbriquée et crête.

Travail allemand ; fin du quinzième siècle.

Haut. 12 cent. Long. 19 cent. Larg. 10 cent.

176 — Grand Ossuaire d'argent en partie doré, surmonté d'un riche campanile de style gothique flamboyant.

Travail allemand de la deuxième moitié du quinzième siècle.

Haut. 44 cent. Long. 40 cent. Larg. 12 cent.

177 — Autre Ossuaire de même forme, matière et travail,
de très-belle architecture du même style, enrichi
de plusieurs figures.

Ouvrage allemand du commencement du seizième
siècle.

Haut. 53 cent. Larg. 43 cent. Epaiss. 13 cent.

178 — Petit Reliquaire de forme carrée présentant sur
les deux faces une rose d'architecture à jour, au
centre de laquelle est un émail rond de basse taille,
représentant d'un côté la Vierge assise, de l'autre
saint Jean-Baptiste. Le sommet du reliquaire, formant un amortissement du style Louis XII, est surmonté d'une statuette de saint Roch,

Ce reliquaire est d'argent sur base de cuivre doré.
Travail français du commencement du seizième
siècle.

Haut. 27 cent.

179 — Pied de reliquaire de forme prismatique en cuivre doré enrichi de quadrilobes contenant des émaux
d'épargne à feuillages. Une inscription française
nous apprend que cette base supportait une statuette
de sainte Madeleine.

Quatorzième siècle.

Haut. 6 cent. Diam. 13 cent.

180 — **Statuette de la Vierge**, en argent battu et doré.
Elle est debout, et la base sur laquelle elle repose
est ornée de feuillages entremêlés de rubis, et présente une cavité servant autrefois à renfermer des
reliques.

Travail de la fin du quatorzième siècle.

Haut. 30 cent.

181 — **Reliquaire** en forme de panetière en cuivre doré et
émaillé d'épargne.

Le centre présente un quadrilobe rempli par des
ornements de couleurs diverses sur fond bleu rehaussé de chatons de pierres variées. Le reste de
cette face est de métal doré uni, sauf la bordure,
qui est guillochée d'ornements concaves à la manière allemande. Cette bordure est rehaussée de
chatons de cristal de roche.

Vers le haut du reliquaire sont deux bélières qui
servaient à le porter sur la poitrine dans les céré-
monies ecclésiastiques.

Travail des bords du Rhin de la première moitié
du treizième siècle.

Haut. 18 cent. Larg. 14 cent.

182 — **Grande pièce d'applique** provenant d'une grande
châsse, en cuivre repoussé et doré, représentant la
sépulture d'un saint évêque; composition de six
figures dont les yeux sont en émail.

DIVERS OBJETS DU CULTE

183 — Belles Grilles (deux) en fer forgé et repercé à jour, de grand travail.

Elles réprésentent, l'une la Crucifixion, l'autre le Christ tenant l'hostie au-dessus du calice. Ces sujets sont surmontés de riches campaniles d'architecture gothique et reposent sur un fond de nervures de même style, en claire-voie.

Ces grilles, qui sont dorées, formaient autrefois les portes du trésor ou réserve d'une église de Rouen.

Serrurerie française du quinzième siècle.

Collection Debruge, n° 1431.

184 — Bas-relief de forme circulaire, en bronze, provenant d'une tombe. Il représente, au centre d'un quadrilobe, un ange debout tenant deux écus-armoriés. Autour du bas-relief est une longue inscription allemande.

Ouvrage de la deuxième moitié du quinzième siècle.

Cabinet Debruge, n° 324.

Diam. 86 cent.

185 — Insigne processionel en cuivre battu doré et orné de fausses pierres. Il représente le Christ en croix entouré d'une auréole: le pied de la croix plonge dans une chaudière posée sur un brasier dont un personnage tonsuré attise le feu avec un soufflet : auprès est une autre figure.

Cet objet nous semble avoir trait aux querelles religieuses soulevées par Luther.

Ouvrage de la fin du quinzième siècle.

Haut. 63 cent. Larg. 27 cent.

186 — Médaillon avec bélière en argent doré orné de bas-reliefs et d'appliques.

Il représente d'un côté l'Annonciation, et au revers la Messe de saint Grégoire.

Ouvrage flamand de la deuxième moitié du quinzième siècle.

Collection Debruge, n° 984.

187 — Colonnette en marbre blanc avec base attique et chapiteau corinthien. Le fût, strié en spirale, est incrusté d'une bandelette de mosaïque dont les cubes sont alternés de rouge, d'or et de vert.

Ouvrage italien du treizième siècle.

Haut. 1 mèt. 2 cent.

4

CROSSES ET TAUX

188 — **Crosse** en ivoire. L'enroulement de la volute se termine par une tête de serpent et renferme l'agneau symbolique.

Ouvrage de la Suisse italienne au commencement du treizième siècle.

Haut. 20 cent.

189 — **Autre Crosse** en ivoire, de même travail et époque.

Le centre de sa volute renferme un isard.

Haut. 18 cent.

190 — **Crosse** en cuivre battu, doré et émaillé.

Au centre de l'enroulement, un lion.

Limoges, commencement du treizième siècle.

Haut. 28 cent.

191 — **Autre Crosse**, pareille à la précédente, dont l'enroulement repose sur un buste d'ange.

Mêmes fabrique et époque.

Haut. 32 cent.

192 — **Autre Crosse** de même métal et travail.

Au centre de l'enroulement : Le Combat de l'archange Michel ; l'émail et la dorure ont été usés par le feu.

Limoges, deuxième moitié du treizième siècle.

Haut. 30 cent.

192 *bis* — **Autre Crosse** des mêmes genre, métal, travail, origine et époque, représentant le Couronnement de la Vierge.

193 — **Crosse** en cuivre battu et doré. La volute, ornée de rinceaux en relief sur fond d'émail bleu, présente au centre une large fleur de style byzantin également émaillée.

Le nœud, très-finement repercé à jour, se compose d'entrelacs au centre desquels sont des animaux chimériques.

La douille, ornée de fleurs et de rinceaux byzantins se détachant en relief sur émail bleu, rappelle le travail de la volute.

Beau travail de Limoges, à la fin du douzième siècle.

Haut. 25 cent.

194 — **Crosse** en cuivre battu, émaillé d'épargne et doré. Le centre de la volute offre un bas-relief frappé de forme elliptique, représentant la Vierge assise couronnée et tenant un sceptre. Le nœud, ciselé à jour, est orné de perles couleur turquoise, et la douille représente l'Annonciation; le tout sur fond d'émail bleu de deux nuances.

Limoges, milieu du treizième siècle.

Haut. 29 cent.

195 — **Autre Crosse** de mêmes métal et travail. La volute, figurant un serpent à écailles bleues, renferme dans

son centre le Combat de l'archange Michel; le nœud
est formé de lézards entrelacés; la douille est décorée de fleurs sur fond d'émail et de trois lézards
d'applique.

Même fabrique et époque.

Catalogue Debruge, n° 683.

Haut. 22 cent.

196 — Autre Crosse de mêmes fabrique et époque. La
volute, pareille, porte au centre la Salutation angélique. Le nœud et la douille sont pareils à la précédente.

Haut. 33 cent.

197 — Autre Crosse de mêmes métal et travail, non émaillée. Le centre de la volute représente l'abbé (propriétaire de la crosse) agenouillé devant la Vierge.
Le nœud multilobé est orné de huit losanges semés
de France; la douille, flanquée de lézards, est en
outre décorée, ainsi que la volute, de chatons contenant des doublets.

Limoges, première moitié du quatorzième siècle.

Haut. 34 c.

198 — Autre Crosse de mêmes métal et travail. Le centre
de la volute représente le Couronnement de la
Vierge; le nœud, disposé comme dans la précédente, offre également six écussons renfermant des

bustes d'anges sur fond émail bleu ; la douille, pareille, porte seule des chatons.

Mêmes fabrique et époque.

Haut. 34 cent.

199 — **Grande Crosse** en cuivre doré enrichie d'un grand nombre de panneaux émaillés de basse taille sur argent et chatons de diverses pierres. L'extrémité de la volute, soutenue par un ange, porte la figure de l'abbé agenouillé devant la Vierge ; une autre figure, agenouillée plus bas, nous paraît être quelque autre dignitaire de l'abbaye. Le nœud d'architecture gothique renferme dans ses arceaux six panneaux d'émail également translucides, qui représentent l'Epiphanie avec des figures de saints. Au bas de la douille, ornée aussi de panneaux de même émail, est une inscription et la date de 1351.

Très-bel ouvrage de la Suisse allemande.

Haut. 53 cent.

200 — **Autre crosse** de mêmes matière et travail. La volute, enrichie d'appliques d'émail translucide offrant des dessins variés et de travail très-délicat, porte un encorbellement sur lequel l'abbé, à genoux, adore la Vierge assise sur un trône. La douille, de même travail que la volute, est surmontée d'un chapiteau et d'un nœud orné de six émaux de même qualité, représentant des bustes de saints.

Ouvrage italien de la plus grande beauté, du quatorzième siècle.

Haut. 31 cent.

201 — Grande Crosse d'ivoire sculpté.

La volute, formée d'une tige à riches feuillages, présente sur une de ses faces la Crucifixion; l'autre face représente la Vierge et d'autres figures.

Au bas de la volute est un nœud d'arcature gothique; la douille d'ivoire est ornée de feuillages entremêlés d'écussons d'armoiries.

Ouvrage allemand du quatorzième siècle.

Haut. 42 cent.

202 — Autre Crosse en ivoire montée en cuivre doré.

La volute présente, au centre de son enroulement, d'un côté la Crucifixion. de l'autre la Vierge debout entre deux anges tenant des flambeaux.

Le nœud, en orfévrerie, est composé d'une architecture d'arceaux de style gothique, disposée sur un plan hexagonal; ces arceaux contiennent des figures de saints et de saintes.

Ouvrage français du quatorzième siècle.

Haut. 43 cent.

202 bis — Autre Crosse en ivoire non montée.

La volute, ornée de feuilles, s'élance de la gueule d'un dragon et renferme dans son enroulement la Vierge debout, assistée de deux anges tenant des flambeaux.

Travail français du 14ᵉ siècle.

Haut. 20 cent.

203 — **Grande Crosse** en filigrane de cuivre doré enrichi de chatons et contenant diverses gemmes.

Le nœud d'architecture, de style gothique, présente six figures de saints et de saintes dans ses archivoltes; au centre de la volute est un groupe représentant le Couronnement de la Vierge.

Orfévrerie française du quatorzième siècle.

Haut. 40 cent.

204 — **Crosse** en argent doré et ciselé.

Le centre de la volute représente encore l'abbé en prières devant la Vierge; le nœud, d'architecture demi-gothique, demi-renaissance, contient des statuettes de saints et de saintes sous des archivoltes. Son encorbellement présente plusieurs blasons, parmi lesquels deux de Montmorency.

La hampe, également d'argent doré, est semée de France dans toute sa longueur.

Belle orfévrerie française du commencement du seizième siècle.

Haut. de la crosse, 88 cent. Haut. totale, 1 mèt. 96 cent.

205 — **Autre Crosse** en cuivre doré et ciselé.

Le centre de l'enroulement de la volute représente la légende de saint Hubert, exécutée de ronde bosse.

Le nœud, d'architecture renaissance, offre aussi plusieurs statuettes de saints et de saintes, dont les noms sont écrits à la base de l'édifice.

La hampe, de même métal, est ornée de cannelures de style gothique finissant.

Belle orfévrerie allemande d'une époque peu postérieure à la précédente.

Haut. de la crosse, 48 cent. Haut. totale, 2 mèt. 2 cent.

206 — Crosse en argent doré par parties.

La volute, dont la forme se rapproche de celle des crosses modernes, présente au centre, sur une face, le buste de saint Jean tenant la coupe sur laquelle il opéra le miracle devant Hérode; l'autre face représente le même buste avec l'attribut de l'agneau. Sous l'encorbellement sont deux écussons d'armoiries.

Orfévrerie suisse de la fin du seizième siècle.

La hampe, en bois exotique, est décorée de plusieurs nœuds de métal doré et gravé.

Haut. de la crosse, 40 cent. Haut. totale, 1 mèt. 80 cent.

207 — Tau ou plutôt férula en bois et ivoire, sculpté et orné de cabochons d'émail de diverses couleurs.

Le transept est formé d'un lion de ronde bosse de très-curieux style; la tige qui soutient l'encorbellement sur lequel repose le lion est d'ivoire, et représente, dans son développement, un pape, la tiare en tête et assis sur un siége semé de France, donnant la bénédiction apostolique à trois évêques agenouillés.

Le nœud qui termine le bas du monument est en

buis. Il contient douze têtes de ronde bosse, qui
représentent les apôtres. On y lit aussi plusieurs
inscriptions.

Ouvrage du treizième siècle. (Collection Debruge,
n° 1479.)

Haut. 32 cent.

208 — **Tau** ou bâton cantoral en ivoire sculpté offrant les
signes du zodiaque placés dans des entrelacs. Au
dessous, près de la tige, sont deux figures : l'abbé,
tenant une crosse, et le maître du chœur (*precentor*),
un tau.

Travail du douzième siècle. (Cet objet incomplet.)

Haut. 5 cent. Larg. 12 cent.

208 *bis* — **Disques** (deux) en cuivre doré et émaillé.

Le centre, repercé à jour de riches rinceaux de
grand style, ciselés et dorés, porte une croix grecque
émaillée de diverses couleurs, en travail d'épargne
et de cloisonné ; une bordure de même émail entoure
la circonférence du champ, le tout enrichi de cabochons de diverses pierres.

L'usage de ces disques en quelques églises de
l'Europe, et notamment à la Sainte-Chapelle de Paris, était d'indiquer les douze lieux de la paroi qui
sont oints du saint chrême par l'évêque lors de la
consécration de l'édifice. Ces disques (*signacula*),
fort rares, sont en ce cas tenus dans les mains d'autant de statues d'apôtres placées dans lesdits lieux.

Ecole de Cologne de la première moitié du treizième siècle.

Diam. 30 cent.

MORS OU FERMEAUX

209 — Fermail de chape en cuivre doré, de forme
quadrilobée et avec brisure.

Il présente, au centre, la Vierge avec saint Jean,
en dehors desquels sont deux anges tenant des en-
censoirs. Ce sujet est entouré d'un filigrane délicat,
enrichi de chatons de gemmes diverses.

Limoges, treizième siècle.

Diam. 15 cent.

210 — Autre Fermail de même métal, de forme multilobée et à double brisure, représentant deux figures
assises tenant le livre des Évangiles.

Même fabrique, fin du treizième siècle.

Diam. 15 cent. sur 11 cent.

211 — Fermail de chape quadrilobé, en argent doré et
émaillé d'épargne. La bordure est composée de huit
croissants convexes émaillés de losanges de diverses
couleurs ; ces croissants présentent, à leur centre,
des cristaux de roche sous lesquels on lit les noms
des saints dont ils renferment les reliques.

Le centre du fermail est orné de l'aigle impérial relevé en bosse et enrichi d'un grand nombre de chatons contenant des rubis, des saphirs, des hyacinthes et des perles.

Orfévrerie allemande du quatorzième siècle. (Collection Debruge, n° 981.)

Diam. 18 cent.

212 — Autre Fermail de même forme, à brisure verticale, en cuivre doré, émaillé d'épargne.

Le champ représente deux évêques sur un fond semé de roses d'or. Entre ces deux figures, sur une lame destinée à recouvrir la brisure, est représentée la Vierge sur un fond d'émail rouge.

Travail italien du quatorzième siècle.

Diam. 15 cent.

213 — Autre Fermail de mêmes forme, métal et travail. Il représente la Salutation angélique.

Du même artiste que le précédent.

Diam. 15 cent.

214 — Autre semblable.

Haut. 15 cent. Larg. 12 cent.

215 — Autre de même forme sans émail. Il présente le même sujet en cuivre de relief.

Fin du quatorzième siècle.

Diam. 15 cent.

216 — Autre Fermail de forme multilobée, incrusté d'appliques d'argent, émaillé de basse taille (translucide), représentant le Christ dans sa gloire et plusieurs saints.

Le centre est occupé par un cristal de roche demisphérique qui laissait voir autrefois des reliques.

Travail italien du quatorzième siècle.

Diam. 13 cent.

ENCENSOIRS

217 — Encensoir de forme sphérique, en cuivre doré et émaillé d'épargne.

Il est orné de rinceaux à fleurs émaillées de couleurs diverses et nuancées dans la pâte, sur un fond bleu lapis, avec appliques convexes en métal, représentant des animaux chimériques.

Limoges; deuxième moitié du treizième siècle.

Diam. 11 cent.

218 — Autre Encensoir, en argent battu, composé de deux ordres superposés d'architecture gothique, avec pignons et tourelles.

Orfévrerie allemande de la fin du quinzième siècle.

Haut. 25 cent. Diam. 15 cent.

219 — Autre Encensoir semblable (le pendant du précédent).

NAVETTES A ENCENS

220 — Navette à encens en cuivre doré et émaillé d'épargne. Le dessus est orné de rinceaux sur fond bleu mêlé de quelques autres couleurs : la coupe est également émaillée de godrons et méandres sur fond rouge.

Limoges, treizième siècle. (Collection Debruge, n° 674.)

221 — Autre Navette de même travail. Le dessus est émaillé de rinceaux bleu lapis avec marguerites blanches, sur fond bleu clair, orné de bossettes représentant des lézards.

Mêmes fabrique et époque.

Loug. 20 cent. Larg. 9 cent. (Catal. Labarte, n° 675.)

222 — Autre Navette de même métal. Deux médaillons représentent le Christ et un saint sur bleu clair ; le fond général est orné de rinceaux épargnés sur bleu lapis.

Mêmes fabrique et époque.

Long. 18 cent. Larg. 8 cent.

223 — Autre Navette de mêmes métal et travail. Elle représente la Salutation angélique.

Beau travail italien de la fin du quatorzième siècle.

Long. 18 cent. Larg. 9 cent.

224 — **Navette** de forme élégante en cristal de roche godronné, richement montée en argent doré et orné de
beaux mascarons en relief. La frise de la coupe est
enrichie de saphirs et de rubis. Elle est accompagnée
de sa cuiller, de travail analogue.

Belle orfévrerie allemande du seizième siècle.
(Collection Debruge, n° 927.)

Long. 18 cent. Larg. 8 cent.

STATUETTES EN IVOIRE

ET AUTRES MATIÈRES

224 bis — **Groupe** en ivoire; le Couronnement de la Vierge ;
ouvrage de ronde bosse et de grande dimension, relativement à la matière. Jésus-Christ, posant la couronne sur la tête de Marie, est figuré sous les traits
de Philippe III, dit le Hardi, fils et successeur de
saint Louis, roi de France, qui épousa, en 1274,
Marie, fille de Henri III, dit le Débonnaire, duc de
Lorraine et de Brabant. Cette dernière représente la
Vierge.

Ces deux figures, type le plus parfait de la grande
école de la sculpture française du treizième siècle,
portent le costume de cour de cette époque.

La cotte hardie de la reine est parsemée de fleurs
de lys et de bars, indiquant les armes de sa maison.
La tunique du roi est décorée de celles de France et

de Castille. Il y a toute apparence que cet objet fut
fait à l'occasion de l'avénement de Marie au trône de
France et à cause du nom qu'elle portait.

Haut. 28 cent. Larg. 25 cent.

225 — **Grande Statuette** en ivoire de la Vierge, debout et
vêtue d'une robe traînante ; elle porte son divin
Enfant de l'avant-bras gauche, sous le coude duquel
elle retient le pan de son manteau richement drapé,
tandis que de la main droite elle lui présente un
fruit.

Le dominical qui recouvre sa tête est surmonté
d'une riche couronne d'or en filigrane mêlé de
rubis, d'émeraudes, de turquoises et de perles.

Cette statuette, la plus belle peut-être que l'on
connaisse en cette matière, est un ouvrage français
du milieu du quatorzième siècle. (Collection Debruge, n° 146.)

Haut. 41 cent.

226 — **Statuette** de la Vierge en marbre blanc. Elle es
également représentée debout ; elle tient de la main
gauche le lis allégorique et porte du bras droit l'Enfant Jésus qui tient un oiseau.

Travail français du commencement du quinzième
siècle.

Haut. 42 cent.

226 *bis* — **Autre Statuette** semblable ; les cheveux sont
dorés.

Webb

227 — **Statue** de la Vierge, couronnée et debout, de grandeur naturelle en pierre de Tonnerre, avec dais d'architecture gothique également en pierre.

Travail français de la même époque.   *510*

Denulivas

228 — **Statuette** en bronze fondu, ciselé et doré. Elle représente saint Sébastien, lié à un arbre et percé de flèches.

Travail allemand du milieu du seizième siècle.   *790*

Haut. 43 cent.

Sutlier

229 — **Statuette** en ivoire : la Vierge assise allaitant son divin Fils.

Travail du quatorzième siècle.

Haut. 12 cent.   *390*

Desemmurad
Cluny

230 — **Une Vierge** debout en bois de chêne; quatorzième siècle.

Haut. 95 cent.   *71*

Coutin

231 — **Un Saint Georges** en bois peint et doré, surmonté d'un dais.

Travail allemand de la fin du quinzième siècle.

Haut. en tout, 1 mèt. 70 cent.   *360*

BAS-RELIEFS, TRIPTYQUES ET DIPTYQUES

232 — Tableau fermant à trois volets en ivoire de bas-relief (dit triptyque).

Le centre représente la Vierge debout, la tête couverte du dominical ; elle porte l'Enfant divin, qui est vêtu d'une tunique et bénit à la manière grecque.

Les volets, divisés en médaillons, représentent deux anges, deux apôtres sans nimbes, tenant l'évangile et décorés du pallium, et deux figures d'empereurs grecs armés à l'antique : toutes ces figures sont représentées en buste.

Travail de Byzance.

Haut. 18 cent. Larg. 23 cent.

233 — Autre Tableau d'ivoire fermant à volets. Le tableau du milieu représente encore la Vierge debout et de ronde bosse ; cette figure est surmontée d'un dais à coupole flanqué de tours crénelées.

Les volets, au nombre de quatre et qui enveloppent entièrement la statue, représentent en bas-relief les sujets de l'enfance du Christ.

Beau et rare travail vénitien du treizième siècle.

Haut. 27 cent. Larg. 25 cent.

234 — Tableau d'ivoire fermant à trois volets, colorié en partie, dont les volets, coupés dans leur hauteur, fer-

5

ment séparément les deux registres du tableau central.

Ces deux registres représentente l'Adoration des mages et la Crucifixion; les volets, également sculptés, présentent d'autres scènes de la vie du Christ.

Ouvrage français du milieu du quatorzième siècle.

Haut. 22 cent. Larg. 15 cent.

235 — **Autre Tableau** d'ivoire à trois volets. Il est divisé en trois registres qui contiennent, en bas relief, les scènes de la passion et de la mort de J. C.

Travail français de la même époque. (Collection Debruge, n° 144.)

Haut. 25 cent. Larg. 20 cent.

236 — **Autre Tableau** d'ivoire à trois volets et à trois registres.

Il représente un grand nombre de scènes tirées de la vie du Christ, parmi lesquelles figure un personnage mitré qui paraît être le donataire du monument.

Tous ces sujets sont traités avec une grande finesse et en relief très-détaché. Ils sont surmontés d'une délicate architecture de très-beau style.

Travail napolitain de la première moitié du quatorzième siècle.

Haut. 20 cent. Larg. 22 cent.

237 — **Autre Tableau** du même genre et de la même matière.

Le centre est divisé en deux ordres d'architecture gothique, superposés et de haut relief, qui représentent la Vierge assise et couronnée, et au-dessus la Crucifixion. Les volets, au nombre de quatre, enveloppent le sujet central; ils sont sculptés en bas-relief des autres scènes de la vie du Christ.

Ouvrage français du quatorzième siècle. (Collection Debruge, n° 149.)

Haut, 39 cent. Larg. 25 cent.

238 — **Autre Tableau** d'ivoire à trois volets et à deux registres.

Il représente le Couronnement de la Vierge et la Crucifixion; sur les volets se voient des saints.

Dans le champ des arcs qui surmontent ces sujets est un écusson d'armoirie palé de six pièces, à la bande d'alérions chargée d'une mitre d'évêque.

Travail anglais du commencement du quatorzième siècle.

Haut. 24 cent. Larg. 24 cent.

239. — **Petit Tableau** d'ivoire fermant à quatre volets, en partie peint et doré, d'un travail fin et gracieux.

Il représente également des scènes de l'enfance du Christ.

Travail français de la deuxième moitié du quatorzième siècle. (Collection Debruge, n° 160.)

Haut. 7 cent. 5 millim. Larg. 22 cent.

240 — **Grand Tableau** d'ivoire fermant à volets, peint et
doré.

Dans le registre inférieur, il représente encore les
scènes de l'enfance du Christ; le supérieur contient
les épisodes de sa mort ainsi que le Couronnement
de la Vierge.

Ce beau tableau, d'une conservation parfaite, est
encore une œuvre française du quatorzième siècle.

Haut. 24 cent. Larg. 20 cent.

241 — **Autre Tableau** d'ivoire à deux volets et à trois registres.

Il représente aussi la vie du Christ.

Mêmes nationalité et époque.

Haut. 17 cent. Larg. 14 cent.

242 — **Autre** contenant des sujets analogues, en deux registres.

Mêmes origine et époque.

Haut. 19 cent. Larg. 20 cent.

243 — **Autre**, également à deux registres, contenant un
grand nombre de figures d'une exécution large et
facile, représentant des sujets du même genre.

Mêmes nationalité et époque. (Collection Debruge,
n° 158.)

Haut. 19 cent. Larg. 23 cent.

244. — **Autre Tableau** d'ivoire à deux volets sans division, de dimension assez grande et dont les tablettes sont très-épaisses.

Il représente la Vierge et deux anges sur un panneau, et la Crucifixion sur l'autre.

Ce tableau, d'un beau style et d'un fini achevé, appartient à l'école italienne de la même époque.

Haut. 17 cent. Larg. 23 cent.

245 — **Autre**, divisé en deux registres et de moindre dimension, représentant aussi les épisodes de la vie du Christ.

Ecole française, fin du quatorzième siècle.

Haut. 11 cent. 1/2. Larg. 13 cent. 1/2.

246 — **Très-petit Tableau** de même genre, sans division.

Il représente l'Adoration des mages et la Crucifixion.

Travail français du quatorzième siècle.

Haut. 7 cent. 1/2. Larg. 10 cent.

247 — **Autre Tableau** d'ivoire à deux volets, sans division. La Vierge couronnée et la Crucifixion.

Ce tableau fermant, d'un très-beau travail, est encore de la même époque et de l'école française.

Haut. 16 cent. 1/2. Larg. 20 cent. 1/2.

248 — **Autre semblable** et du même sujet.

Mêmes école et même époque.

Haut. 17 cent. 1/2. Larg. 17 cent. 1/2.

249 — Autre du même genre.

Il représente sur un volet la Nativité, et sur l'autre la crucifixion.

Travail français de la fin du quatorzième *siècle*.

Haut. 16 cent. Larg. 20 cent.

250 — Très-petit Tableau fermant, de forme octogone, en argent ciselé de ronde bosse, avec fond d'émail bleu.

Chaque volet est ciselé sur ses deux faces; ils représentent la Vierge assise, la Crucifixion, la Salutation angélique et la Nativité; sur l'épaisseur des tables sont des inscriptions contenant des versets, des hymnes chantées à l'église.

Ouvrage flamand de la fin du quinzième siècle. (Collection Debruge, n° 983.)

Diam. 37 millim.

251 — Grand Bas-relief en pierre lithographique représentant la Vierge debout et couronnée.

Elle est placée sous une élégante architecture de style renaissance richement ornée de fines arabesques sculptées et dorées; au-dessous de l'arc principal sont deux écussons d'armoiries.

Ce bas-relief est encadré dans une riche bordure à base, pilastres, entablement et fronton de l'époque contemporaine, coloriée et dorée.

Travail allemand du premier tiers du seizième siècle.

Haut. de la pierre 43 c. Long. 31 cent. Haut. du cadre 96 cent. Larg. 59 cent.

252 — Petit Tableau d'ivoire fermant à trois volets, teint en couleur pourpre.

Le centre représente la Nativité et l'Annonciation aux bergers ; ces deux sujets sont placés sous une pergula, à la manière grecque.

Les volets adjacents contiennent la Résurrection de Lazare, l'Entrée à Jérusalem et l'Ascension. Tous ces sujets sont accompagnés d'inscriptions grecques.

Ouvrage byzantin d'un grand fini, dixième siècle.

Haut. 12 cent. Larg. 21 cent.

253 — Tableau à deux volets et à trois registres, en ivoire sculpté de haut relief ; sujets à nombreuses figures de la vie et de la mort du Christ.

Travail français du quatorzième siècle.

Haut. 20 cent. Larg. 21 cent.

254 — Tableau d'ivoire à deux volets : sur l'un la Vierge entre deux anges ; sur l'autre la Crucifixion.

Ces sujets sont placés sous des arcs à ogives très-riches.

Même époque.

Haut. 17 cent. Larg. 23 cent.

PEINTURES SUR ÉMAIL

255 — Grande plaque de forme carrée peinte en émail de couleur, représentant la Flagellation du Christ.

Cette scène, composée de trois figures, se passe dans un intérieur dont le sommet est formé d'un grand arc surbaissé de style ogival, dont les retombées portent sur deux piliers latéraux servant d'encadrement au sujet.

Le fond est rempli par une représentation de tapisserie en étoffe figurée; le sol est couvert par un dallage symétrique en carreaux de diverses couleurs.

Le dessin des figures appartient à l'école du Nord; les chairs, d'un émail parfaitement blanc, sont glacées de grisaille ou de noir pour le modelé et les traits; on trouve déjà, dans les accessoires, des chatons figurés de pierreries, formés d'un bouton d'émail transparent sur paillon.

Nous considérons cet émail comme un des premiers produits de la peinture en émail à Limoges.

Maître inconnu; deuxième moitié du quinzième siècle.

Haut. 19 cent. Larg. 22 cent.

256 — Autre plaque d'émail point, représentant la Vierge assise sur un trône et tenant un livre ouvert que l'Enfant Jésus, assis devant elle, s'occupe à feuilleter.

Cet émail, qui est encore du quinzième siècle, appartient à la seconde manière des émailleurs de Limoges; les chairs ont le ton violacé rehaussé de blanc qu'ils ont exclusivement employé depuis les dernières années du quinzième siècle jusqu'à la fin du premier quart du seizième.

C'est une œuvre des premiers Penicaud.

Haut. 21 cent. Larg. 17 cent.

257 — **Tableau** fermant à deux volets en émail peint de couleurs, monté sur bois avec encadrement de cuivre.

Le centre présente la Crucifixion sur le Calvaire, le volet droit, la Flagellation, et l'autre la Mise au sépulcre.

Mêmes qualité et origine que le précédent.

Haut. 22 cent. Larg. 40 cent.

258 — **Autre de même**.

Il représente au centre l'Adoration des mages; les scènes qui appartiennent à la naissance du Christ sont réparties sur les deux volets.

Mêmes monture et encadrement que le précédent.

(Collection Debruge, n° 693.)

Haut. 20 cent. Larg. 38 cent.

259 — **Autre de même**, d'un format un peu plus grand.

Le tableau central présente encore le Calvaire, composition d'un grand nombre de figures; sur le

volet droit est le Portement de la croix, sur la gauche
la Descente de croix.

Mêmes monture et encadrement.

Haut. 25 cent. Larg. 43 cent.

260 — Autre de même.

Au centre est la Nativité; sur le volet droit, sainte
Catherine d'Alexandrie, et sur le gauche, l'archange
Michel foulant aux pieds le démon, qu'il perce de sa
lance. L'architecture qui encadre ces sujets est à
plein cintre et d'un style qui fait pressentir la renaissance. (Collection Debruge, n° 692.)

Haut. 21 cent. Larg. 40 cent.

261 — Autre Tableau fermant de même émail.

Le centre présente la Salutation angélique; les
volets sont occupés par deux prophètes tenant chacun un rôlet sur lequel on lit des versets qui se
rapportent à la scène principale.

Quoique l'architecture qui surmonte ces sujets
soit encore ogivale, ce triptyque n'est pas antérieur
aux premières années du seizième siècle.

Haut. 23 cent. Larg. 36 cent.

262 — Autre Tableau fermant en deux volets dit diptyque, peint en émail de couleurs sur paillon.

Le volet droit représente l'Adoration des bergers,
le gauche celle des rois mages.

Ces deux sujets, composés de nombreuses figures

et de très-bon style, sont placés sous des arceaux plein-
cintre décorés d'élégantes arabesques et de petites
figures rappelant l'ornementation de l'école d'Albert
Durer ; sur le chapiteau de l'un des pilastres est un
écusson contenant les initiales I. P. de la famille, qui
sont celles de Jean Penicaud, le plus habile peut-être
des artistes de ce nom. Monture en bois avec encadrement de cuivre.

Premier quart du seizième siècle.

Haut. 23 cent. Larg. 39 cent.

263 — **Petit Oratoire** peint en émail de couleurs, avec
monture en orfévrerie de cuivre doré de très-beau
style renaissance

Le centre, peint dans la manière du précédent,
représente la Flagellation du Christ ; sur la base de
la colonne, l'artiste a signé son œuvre en toutes
lettres : Johannes Penicaud.

Haut. 38 cent. Larg. 16 cent.

264 — **Petit Panneau** d'émail peint en couleurs, provenant d'un instrument de paix. Il représente l'*Ecce
Homo*, par le même.

Haut. 6 cent. Larg. 8 cent.

265 — **Autre panneau** cintré par le haut, peint en émail
de couleurs avec rehauts d'or. Il représente la Mise
au sépulcre, d'après l'estampe de Martin Schongauer :
ouvrage de l'un des Pénicaud, commencement du
seizième siècle. (Collection Debruge, n° 690.)

Haut. 15 cent. Larg. 12 cent.

266 — **Grand Tableau** de même forme, composé de onze panneaux d'émail peints en couleur et assemblés dans une monture en bois doré. La pièce centrale, de grande dimension, représente le Christ montant au ciel après sa résurrection, en présence des apôtres; le fond de cette scène offre un riche paysage.

Au-dessus et dans le panneau qui forme le cintre, on voit le même Christ dans sa gloire, assis sur l'arc-en-ciel, au milieu des nues, tenant de la main droite le globe du monde et de l'autre l'Evangile ouvert. Les autres pièces, de dimension moindre, représentent les divers épisodes de la vie du Sauveur.

Toutes ces peintures, d'un modèle plein de finesse et d'expression, d'un dessin qui ne tient plus du gothique, dont les carnations sont vraies et les couleurs justes quoique éclatantes, et relevées à l'aide du paillon, marquent le point où l'école de Limoges a enfin atteint la plénitude de son art.

Elles sont poinçonnées au revers des initiales L. P., qui sont la marque de Léonard Pénicaud, l'un des plus célèbres émailleurs de ce nom : ce maître florissait en 1530. (Collection Debruge, n° 726.)

Haut. 55 cent. Larg. 52 cent.

267 — **Tableau** fermant à deux volets (dit triptyque), avec couronnement de plein cintre, comprenant en tout six pièces peintes en émail de couleur, avec monture en ébène enrichie d'appliques en cuivre doré.

Le panneau principal, au centre, représente la Prédication de saint Jean-Baptiste; les autres pièces, de moindre dimension, contiennent des sujets tirés de la vie du même saint.

Ces peintures, qui n'ont point de signature, sont l'ouvrage d'un peintre qui a peint très-souvent ce même sujet, mais ordinairement en grisaille et toujours sans signature.

Limoges, milieu du seizième siècle. (Collection Debruge, n° 749.)

Haut. 39 cent. Larg. 33 cent.

268 — **Petit instrument de paix** peint en émail de couleur monté en argent doré. Il représente Saint Jérôme, et appartient aux premières œuvres de P. Rexmond, qui, plus tard, n'exécuta que des grisailles.

Première moitié du seizième siècle.

Haut. 6 cent. Larg. 8 cent.

269 — **Panneau d'émail** peint en couleur représentant la Résurrection de Lazare. École des Pénicaud. Seizième siècle. (Collection Debruge, n° 694.)

Haut. 26 cent. Larg. 23 cent.

270 — **Tableau** fermant à deux volets (triptyque), peint en couleur.

Le centre représente le Calvaire; au-dessus Dieu le Père, et sur les volets, la Salutation angélique.

La monture, en bois doré, est ornée de six mé-

daillons à sujets saints, signés P. R. (Pierre Rexmond), 1568.

Haut. 41 cent. Larg. 46 cent.

271 — Autre Tableau fermant à deux volets, peint en
couleur.

Le milieu représente aussi le Calvaire, très-belle
peinture rehaussée d'or; les volets, en trois registres
chacun, contiennent des sujets de la vie du Christ.

Cet émail, aussi beau que capital, peut être attribué
à Léonard Pénicaud. Monture en bois doré.

Haut. 31 cent. Larg. 54 cent.

272 — Petit médaillon rond, peinture en émail colorié
(enseigne), représentant Saint Jacques.

Diam. 4 cent.

273 — Tableau fermant à deux volets. Le centre
représente la Nativité; les deux volets, saint Pierre
et saint Paul. Encadrement en bois et cuivre.

Limoges, seizième siècle.

Haut. 21 cent. Larg. 37 cent.

OBJETS A L'USAGE DE LA VIE PRIVÉE

MEUBLES, COFFRETS ET OBJETS DIVERS

274 — Grande Armoire à deux corps et cinq portes, avec un rang de trois tiroirs entre les deux corps.

Ce meuble qui, vu son extrême richesse, ne pourrait être décrit ici, l'emporte pour l'harmonie de la forme, pour la profusion bien ordonnée de la sculpture et le style de l'ornementation, sur tous les meubles connus en ce genre.

Ecole italo-lyonnaise de la deuxième moitié du seizième siècle.

Haut. 2 mèt. 70 cent. Larg. 1 mèt. 60 cent.

275 — Autre Armoire à deux corps et à quatre portes, dont trois pour le corps supérieur et une pour l'inférieur, avec rang de trois tiroirs entre deux.

Ce meuble, qui ne le cède guère en beauté au précédent, appartient encore à l'école lyonnaise. Il porte la date de 1580.

Collection Debruge, n° 1500.

Haut. 3 met. Larg. 1 mèt. 55 cent.

276 — Autre Armoire à deux corps et à quatre portes, deux en haut et deux en bas, avec rang de deux tiroirs entre deux.

Cette armoire, richement sculptée à figures et trophées d'armes, se recommande par un travail fin et de beau style.

Même école, milieu du seizième siècle.

Haut. 2 mèt. 66 cent. Larg. 1 mèt. 46 cent.

277 — Armoire à deux corps et quatre portes avec rang de trois tiroirs ; les deux portes supérieures se développant par une brisure.

Ce meuble, très-riche de sculpture, est orné de figures, parmi lesquelles sont beaucoup de satyres et d'ornements architectoniques.

Ecole lyonnaise du seizième siècle.

Haut. 2 mèt. 48 cent. Larg. 1 mèt. 19 cent.

278 — Armoire à deux corps et quatre portes, deux en haut et deux au-dessous, avec rang de tiroirs. L'ornementation se compose de cartouchages, de guirlandes et de mascarons.

Même école, deuxième moitié du seizième siècle.

279 — Crédence à trois portes en chêne sculpté avec ferrures extérieures de style gothique. L'ornementation des panneaux supérieurs se compose de grotesques de l'époque de Louis XII ; les panneaux inférieurs sont d'architecture gothique.

Ecole du nord de la France.

Haut. 1 mèt. 58 cent. Larg. 1 mèt. 18 cent.

280 — Autre Crédence à trois portes, en même bois et de
style gothique. Les portes supérieures sont armoriées des écussons de Louis XII et d'Anne de Bretagne ; la porte inférieure présente les armoiries de
la ville de Troyes ; les ferrures de ce meuble sont
d'une finesse remarquable.

Même école.

Haut. 1 mèt. 56 cent. Larg. 1 mèt. 17 cent.

281 — Crédence à deux portes et à deux tiroirs et de même
bois. Les panneaux des portes présentent les figures
en pied de Judith et de Cléopâtre accompagnées de
détails architectoniques de très-beau style ; les tiroirs
et les panneaux adjacents sont ornés d'inscrustations
de pâtes fort élégantes, et la clef de ce beau meuble
est remarquable par sa forme et sa ciselure.

Ecole lyonnaise, sous François Ier.

Haut. 1 mèt. 88 cent. Larg. 1 mèt. 8 cent.

282 — Autre Crédence à deux corps et de forme demi-
octogone, avec deux portes et deux tiroirs, en noyer
sculpté.

La porte droite représente la Nativité, et la porte
gauche l'Adoration des mages ; les panneaux adjacents contiennent quatre figures de prophètes.

Les tiroirs et panneaux correspondants contiennent des sibylles et une ornementation de rinceaux,
mêlée de bustes, de style renaissance primitif. Les
ferrures sont extérieures.

Ecole lyonnaise du commencement du seizième
siècle.

Haut. 1 mèt. 41 cent. Larg. 1 mèt. 37 cent.

6

283 — **Crédence** à deux portes en même bois. Ces portes, ainsi que le dormant qui occupe la place ordinaire des tiroirs, représentent des sujets de figures tirés de la légende d'une sainte dont le nom nous est inconnu.

Ecole du nord de la France, premier tiers du seizième siècle.

Haut. 1 mèt. 34 cent. Larg. 1 mèt. 3 cent.

284 — **Autre Crédence** de même forme et du même bois. Les portes et les panneaux antérieurs représentent les scènes de la Passion exécutées de haut-relief; les parties latérales, dans une intention symbolique peut-être, représentent les travaux d'Hercule.

Mêmes époque et école.

Haut. 1 mèt. 34 cent. Larg. 1 mèt. 3 cent.

285 — **Crédence** à deux étages et à pan coupé, en chêne sculpté. La face offre trois portes, deux à l'étage supérieur et une à l'étage inférieur; le tout richement décoré de médaillons à figures et d'arabesques de grand style. Les serrures et ferrures, bien conservées, sont d'une finesse remarquable.

Travail flamand de l'époque de Charles-Quint.

Haut. 1 mèt. 55 cent. Larg. 1 mèt. 10 cent.

286 — **Autre Crédence** à deux portes et deux tiroirs, en noyer sculpté.

L'ornementation se compose de satyres, de sphinx

et autres animaux chimériques, entremêlés de mascarons et de cartouchages.

Ecole de Fontainebleau, milieu du seizième siècle.

Haut. 1 mèt. 48 cent. Larg. 1 mèt. 4 cent.

287 — Autre Crédence de même genre et de même ornementation.

Mêmes époque et école.

Haut. 1 mèt. 47 cent. Larg. 1 mèt. 1 4 cent.

288 — Crédence à trois portes et à dossier, en noyer sculpté.

La porte du milieu est séparée des deux autres par des cariatides à gaîne de haut-relief, qui occupent toute la hauteur du meuble; les portes, ainsi que le dossier, sont décorés de frontons brisés, de mascarons et de rinceaux.

Ecole identique, deuxième moitié du seizième siècle.

Haut. 2 mèt. 30 cent. Larg. 1 mèt. 27 cent.

289 — Petite Crédence à une seule porte, avec tiroirs, ornée de frontons et autres décors architectoniques sculptés sur même bois.

Ecole lyonnaise, même époque.

Haut. 1 mèt. 52 cent. Larg. 72 cent.

290 — Table de changeur ou d'argentier, en forme de table à deux piliers, richement ornée de sculptures, de feuillages et d'orbevoies, entremêlées de petites figures, gothique-allemand finissant, sur bois d'alizier.

L'intérieur de cette table, qui se découvre à la façon du clavier d'un piano, est disposé en comptoir avec rangs de tiroirs au-dessous, le tout orné de même.

Travail suisse du commencement du seizième siècle.

Haut 88 cent. Long. 1 mèt. 20 cent. Larg. 23 cent.

291 — Table à manger, à deux piliers et à rallonges, en noyer sculpté.

Les piliers, disposés en éventail, sont découpés à entrelacs avec mascarons au centre. L'entre-jambe est formé de consoles.

Ecole lyonnaise de l'époque de Henri II.

Haut. 87 cent. Long. 1 mèt. 60 cent. Larg. 96 cent.

292 — Autre Table, de mêmes forme et bois, dont les piliers, ornementés de même, sont profilés extérieurement par des cariatides barbues finissant en rinceaux.

Ecole lyonnaise, deuxième moitié du seizième siècle.

Haut. 85 cent. Long. 1 mèt. 48 cent. Larg. 90 cent.

293 — Autre Table, de même genre, dont les piliers sont

formés par une triple console également profilée en
cariatide.

Cette table n'a pas de rallonges.

Mêmes école et époque.

Haut. 95 cent. Long. 1 mèt. 67 cent. Larg. 84 cent.

294 — **Autre Table**, du même genre, avec rallonges et en
même bois, dont les piliers ne forment qu'une double console.

Mêmes école et époque.

295 — **Table à quatre piliers**, sans rallonges, en noyer
sculpté.

Les piliers sont reliés entre eux par des traverses
richement sculptées dont l'une porte un écusson d'armoiries avec son timbre.

Travail allemand ou flamand du commencement
du dix-septième siècle.

296 — **Haute chaise** en menuiserie de chêne sculpté de
détails architectoniques et orbevoies de style gothique, surmontée d'un dais de même travail.

École du nord de la France fin quinzième siècle.

Haut. 2 mèt. 86 cent. Larg. 71 cent.

297 — **Haute chaise** en menuiserie, de même bois et de
même style, sans dais.

Cette belle chaise porte les écussons de Louis XII
et d'Anne de Bretagne.

École lyonnaise.

Haut. 2 mèt. 32 cent. Larg. 71 cent.

298 — **Haute·chaise** du même genre et de même style.

Mêmes école et époque.

Haut. 2 mèt. Larg. 70 cent.

299 — **Autre** du même genre en noyer sculpté. Le panneau du dossier est orné d'un flambeau d'où s'élancent, à droite et à gauche, des rinceaux surmontés de deux oiseaux chimériques, le tout d'excellent style.

École lyonnaise, époque de François Ier.

Haut. 2 mèt. 33 cent. Larg. 71 cent.

300 — **Haute chaise** en menuiserie, de noyer sculpté. Le panneau principal présénte un écusson soutenu par de petits génies et entouré de rinceaux de très-élégant style.

École lyonnaise, époque de François Ier.

Haut. 2 mèt. 32 cent. Larg. 72 cent.

301 — **Autre** de mêmes genre et bois. Le dossier représente l'Annonciation, surmontée de très-riches ornements dans le même style.

Mêmes école et époque

Haut. 2 mèt. 60 cent. Larg. 70 cent.

302 — **Autre semblable**. Même sujet.

Haut. 2 mèt. 60 cent. Larg. 74 cent.

303 — **Autre Siége** de même. Le dossier présente une riche décoration architectonique mêlée de figures, et surmonté d'un écusson d'armoiries avec timbre et lambrequins. Le corps inférieur de la chaise, de forme cylindrique, est remarquable de richesse et de composition.

Éçole lyonnaise, deuxième moitié du seizième siècle.

Haut. 1 mèt. 90 cent. Larg. 65 cent.

304 — **Autre Siége** de mêmes genre et bois. Le dossier est ornementé d'une manière analogue.

Haut. 2 mèt. 60 cent. Larg. 98 cent.

305 — **Pliant italien**, entièrement recouvert de marqueterie de Venise, en bois et ivoire mêlés d'étain.

306 — **Autre** semblable.

Ces siéges rares viennent de Florence. Quinzième siècle.

Haut. 95 cent. Larg. 70 cent.

307 — **Deux Fauteuils italiens**, richement sculptés et rehaussés d'or bruni, sur fond de bois naturel.

Milieu du seizième siècle.

Haut. 1 mèt. 25 cent. Larg. 60 cent.

308 — **Deux autres** semblables.

309 — **Deux Chaises italiennes**, à deux piliers, d'ornementation analogue aux fauteuils ci-dessus, également dorées, sur fond naturel.

310 — **Deux autres Chaises** semblables.

311 — **Deux Chaises italiennes**, de même genre et décor. Le dossier surmonté d'un écusson. Même époque.

312 — **Deux autres Chaises** analogues ; le dossier surmonté d'une coquille.

313 — **Deux Chaises italiennes**, mêmes genre et décors le dossier surmonté d'un mascaron.

314 — **Deux Chaises italiennes**, toujours du même genre, avec buste d'ange.

315 — **Chaise italienne**, de mêmes genre, forme et époque, mais non dorée.

316 — **Autre** semblable.

317 — **Autre** id.

318 — **Autre** id.

319 — **Autre** id.

320 — **Autre** id.

321 — **Autre** id.

322 — **Autre** id.

Ces huit dernières chaises sont pareilles.

323 — **Deux autres** plus petites, de même genre, également ment sans or.

324 — **Chaise allemande**, en bois et jonc, richement sculptée et de forme ordinaire, c'est-à-dire à quatre pieds.

Le dossier porte une armoirie avec timbre. Première moitié du dix-septième siècle.

325 — **Autre** semblable.

326 — **Autre** id.

327 — **Autre** id.

328 — **Autre** id.

329 — **Autre** id.

Ces six chaises sont pareilles.

330 — **Chaise** du même genre, seule.

331 — **Grand Chalit** (bois de lit) de forme carrée et à quatre quenouilles, avec ciel, en menuiserie de noyer sculpté.

Les quenouilles ou colonnes sont formées par autant de cariatides des deux sexes, de proportion presque naturelle, dont les gaînes, richement sculptées, reposent ou plutôt correspondent à quatre lions assis qui forment les pieds du lit.

Ces cariatides supportent un riche entablement, avec corniche et modillons qui constituent le ciel du lit.

École lyonnaise de la seconde moitié du seizième siècle.

332 — **Toilette** en fer damasquiné d'or et d'argent, ornée de cartouchages en relief, de même travail, entremêlés de mascarons, et ornement de haut relief en bronze doré. Cette toilette est surmontée d'un miroir à deux faces, tournant sur pivot, dont la glace métallique est recouverte ordinairement par un panneau de métal se tirant à coulisse. Ce miroir, qui forme la partie principale du meuble, est de forme architecturale et décoré dans le même goût et le même style que la base.

333 — **Petite Table**, également en fer damasquiné et incrusté de lapis-lazuli, avec jeu d'échiquier au centre.

.Le monopède de cette table, également de composition architecturale, est soutenu par une base qui représente trois pieds humains chaussés d'estivaux : ce pied ainsi que la base sont aussi en fer damasquiné, également enrichi de figures et d'ornements en bronze doré.

Nous renvoyons le lecteur, pour une description moins abrégée, à celle qu'en donne M. Labarte, numéros 819 et 820 de son Catalogue.

Ces deux objets, d'une magnificence toute royale

et qui sont l'un le complément de l'autre, ont été
autrefois donnés en présent par les ducs de Milan à
la maison de Savoie.

Ouvrage milanais du milieu du seizième siècle.

334 — Petit Cabinet en fer, richement damasquiné d'or
et d'argent, enrichi de figures de ronde bosse et de
bas-reliefs en fer forgé et ciselé, également damasquinés d'or et d'argent.

Ce cabinet contient aussi un miroir, et de plus
une horloge à l'intérieur. Voir aussi, pour le détail
de ce magnifique meuble, le Catalogue de M. Labarte, n° 821.

Ouvrage allemand ou vénitien du milieu du quinzième siècle.

335 — Petit Escabeau à deux piliers, en chêne sculpté,
décoré de rinceaux renfermant des médaillons de
figures et flanqué de piliers boutants ; dans le style
primitif du seizième siècle.

École flamande.

336 — Grand Coffret ou cassette d'ivoire, sculpté à entrelacs circulaires, renfermant des animaux d'espèces
très-diverses.

Ce rare objet est une œuvre de la fabrique des
oliphants d'ivoire, de provenance byzantine, dont le
n° 376 offre un important spécimen.

Onzième siècle.

Haut. 10 cent. Larg. 32 cent. sur 19 cent.

337 — **Petit Coffret** d'ivoire (plaques provenant d'un) de forme carrée, sculpté à jour.

Il se compose de cinq plaques divisées en dix-neuf compartiments, qui présentent des cavaliers et des dames élégamment vêtus. Ces figures, remplies d'une expression fine et spirituelle, sont assises sous des tabernacles d'architecture gothique délicatement découpés, et semblent s'entretenir de propos d'amour.

Quatorzième siècle.

338 — **Autre petit Coffret** d'ivoire sculpté, garni en cuivre doré et cloué de petits chatons de couleur.

Il représente des scènes galantes et des joueurs d'instruments.

Milieu du quatorzième siècle.

Haut. 6 cent. 5 millim. Larg. 12 cent. sur 7 cent. 5 millim.

339 — **Autre Coffret** d'ivoire sculpté de forme oblongue, garni en argent doré.

Il est également divisé en plusieurs registres et présente de même, sous des couronnements d'architecture gothique, des groupes de figures des deux sexes, qui représentent aussi des sujets de galanterie, à l'exception d'un seul, qui est le départ pour la chasse. Ce coffret, dont les costumes rappellent l'époque du règne de Charles VI, est un ouvrage français.

Haut. 5 cent. Larg. 21 cent. sur 11 cent.

340 — **Autre Coffret** d'ivoire de même forme, mais plus petit et garni en cuivre. Le dessus, divisé en quatre compartiments, représente saint Jean, sainte Marguerite, saint Étienne et sainte Catherine ; les parois offrent des scènes tirées des romans de l'époque.

Mêmes origine et époque, à peu près semblable. (Collection Debruge, n° 1492.)

341 — **Grand Coffret d'ivoire** sculpté sur cinq plaques d'une seule pièce ; garniture moderne en cuivre doré.

Il représente, sur les quatorze compartiments ou registres qui le composent, le siége du château d'Amours, les lais d'Aristote, de la fontaine de Jouvence, de la Licorne, l'histoire du roi Modus, l'aventure du Pont de l'Épée, etc.; tous sujets tirés des romans de chevalerie.

Ce coffret, d'une importance rare par sa grandeur, est d'un beau travail et d'une conservation remarquable.

Ouvrage français du quatorzième siècle.

Haut. 10 cent. 5 millim. Larg. 25 cent.

342 — **Grand Coffret** d'ivoire, avec couvercle en amortissement, composé de neuf plaques sulptées de sujets bibliques ; garniture en argent ciselé.

Ouvrage russe du dix-huitième siècle.

Larg. 33 cent. sur 24. Haut. 22 cent.

343 — **Cassette** en bois d'alizier sculpté, plus grande et de forme pareille, garnie en fer ouvragé.

Elle représente des animaux de chasse avec des rinceaux de feuillages divers.

Travail allemand, fin du quatorzième siècle.

Haut. 11 cent. Larg. 18 cent. sur 15 cent.

344 — **Autre Cassette** de mêmes genre et bois, garnie en cuivre.

Le dessus représente une allégorie galante avec devise ; les parois offrent des devises sur fond orné de compartiments dans la manière du quatorzième siècle.

Mêmes travail et époque.

Haut. 12 cent. Larg. 34 cent. sur 18 cent.

345 — **Grand Coffre** en menuiserie de chêne sculpté.

Il représente, au centre de sa face antérieure, le groupe de sainte Anne et de la Vierge ; deux des panneaux d'ornementation gothique qui décorent le reste du meuble contiennent les écussons de Louis XII et d'Anne de Bretagne. Ces panneaux sont séparés par des piliers boutants d'architecture gothique.

La serrure, de même style, est d'une finesse remarquable.

École bourguignonne.

Haut. 1 mèt. 3 cent. Larg. 1 mèt. 98 cent. sur 72 cent.

Report 774,293

346 — **Autre Coffre** en bois sculpté, dont la face présente cinq panneaux renfermant des sujets de la vie du Christ, séparés par des pilastres de renaissance primitive ; les faces latérales sont ornées d'élégantes arabesques.

Travail du nord de la France, époque de François Ier.

Haut. 1 mèt. 14 cent. Larg. 1 mèt. 60 cent. sur 70 cent.

Monbro 605

347 — **Autre grand Coffre** en chêne sculpté.

La partie antérieure se compose de trois panneaux, dont l'un, central, représente la Nativité, les deux autres des figures allégoriques de la Charité. Les extrémités, en retour, sont ornées de trophées et les angles de colonnes à fût ornementé.

Sur la frise du coffre se lit une inscription tirée de l'Écriture : *Ipsum genuisti et in presepe posuisti, quoniam adorat multitudo angelorum.*

Ouvrage flamand de la première moitié du seizième siècle.

Moreau 640

348 — **Très-grande Cassette**, forme bahut, dont le couvercle, taillé à cinq pans dans le sens de sa longueur, est décoré de dix-sept panneaux en fer repoussé d'arabesques de beau style, séparés entre eux par des dauphins de ronde bosse de mêmes métal et travail, figurant la ferrure du bahut ; sur le panneau antérieur et central sont des armes surmontées du chapeau de cardinal.

Bardelai 6,400

a Report 777,893

Le corps du coffre, en forme de parallélogramme, est décoré de dix panneaux de mêmes style et travail que les précédents, reliés par des pilastres de même décor.

La clef est elle-même richement ciselée de chimères de ronde bosse et autres ornements.

Ce magnifique meuble, l'un des plus importants et des plus beaux monuments de la serrurerie ancienne, est l'œuvre d'un artiste connu en Italie sous le sobriquet de maëstro Caprara, auteur des ouvrages en fer qu'on admire au palais Strozzi, à Florence.

Fin du quinzième siècle.

Haut. 32 cent. Larg. 46 cent. sur 33 cent.

349 — **Coffret oblong**, avec couvercle en bahut de forme prismatique, en émail de couleur peint sur paillon, monté en cuivre doré et ciselé.

Il se compose de douze plaques, dont dix représentent des épisodes de l'Ancien Testament. Les fiures, peintes avec autant d'expression que de finesse, sont encore plus attrayantes par le pittoresque des costumes du temps où elles ont été exécutées. Les deux extrémités du coffre présentent des figures d'enfants soutenant des cartouches sur lesquels on lit le nom des livres d'où les sujets ont été tirés.

Ouvrage de Jean Pénicaud de Limoges. Premier tiers du seizième siècle.

Haut. 11 cent. Larg. 17 cent. sur 11 cent.

350 — **Autre Coffret** de même forme et grandeur ; monture analogue, peint en grisaille teintée, par le même artiste.

Il se compose aussi de dix plaques, présentant les bustes des douze Césars, enfermés dans des couronnes de laurier, supportées chacune par deux petits génies variés d'attitude. Les deux tympans trapézoïdes des extrémités du couvercle contiennent aussi des figures d'enfants qui tiennent un crâne, surmonté d'une banderole sur laquelle on lit : *Memento mori dico.*

Haut. 11 cent. Larg. 17 cent. sur 11 cent.

351 — **Grand Coffret** de forme cubique oblongue, en émail peint en grisaille sur fond d'or, monté en bois doré.

Il se compose de cinq plaques principales représentant l'histoire de Phaéton. Ces panneaux sont encadrés par des frises et pilastres également peints en grisaille sur fond vert.

Ce coffret, le plus imposant que nous connaissions par sa grandeur comme par le nombre et le fini de ses émaux, est l'œuvre de Martin Didier, de Limoges, dont la signature, disposée ainsi comme à l'ordinaire : M. D. I. Pape, se voit sur un des panneaux.

Première moitié du seizième siècle,

Haut. 28 cent. Larg. 40 cent. sur 30 cent.

352 — **Autre grand Coffret** de même forme, mais à couvercle de bahut prismatique, en émail peint, tout d'une pièce, à figures de couleur sur fond bleu. Il

7

Report 909,648

représente des chasses et des danses de figures des deux sexes vêtues à l'antique; le tout entremêlé de devises et d'emblèmes. Ces sujets sont traités avec le plus grand fini et les couleurs en sont rehaussées par l'emploi du paillon.

Ouvrage de Jean Limousin; deuxième moitié du seizième siècle.

Collection Debruge, n° 774.

18,200

Evans

353 — Miroir de poche en ivoire complet de ses deux valves, représentant diverses scènes de guerre ou de galanterie tirées des romans de chevalerie.

Travail français de la fin du quatorzième siècle. *1480*

Webb

354 — Autre miroir de poche (une seule valve) en ivoire sculpté à deux registres, offrant diverses scènes de galanterie tirées des mêmes romans. Les écoinçons du miroir sont formés de figures de bêtes.

Travail français du milieu du quatorzième siècle. *1200*

Diam. 13 cent.

Jacob

355 — Autre du même genre; rencontre de rivaux sous les murs du château d'Amours.

Mêmes travail et époque. *171*

Diam. 10 cent.

De

356 — Autre. Départ pour la chasse à l'oiseau.

Même travail. Fin du quatorzième siècle.

Diam. 10 cent. *381*

a Reporter 831,080

357 — **Autre**. La prison d'Amours.

Même observation.

Diam. 11 cent.

358 — **Autre**. Scène de galanterie.

Même travail. Commencement du quinzième siècle.

Diam. 9 cent.

359 — **Cadre de miroir** en buis sculpté sur fond de bois d'amarante.

Composition architecturale formée d'un stilobate à ressauts avec fronton et pendentif, le tout décoré d'arabesques, de feuillages, au travers desquels se jouent des oiseaux.

Ce cadre, chef-d'œuvre de délicatesse et de goût, est un ouvrage allemand de la première moitié du seizième siècle.

Catalogue Labarte, n° 34

Haut. 55 cent. Larg. 36 cent.

360 — **Autre Cadre de miroir**, en noyer sculpté et doré en partie.

Ce cadre, dont la forme est très-analogue à celle du précédent, ne lui cède guère en beauté et en délicatesse, quoique ses ornements soient d'un style très-différent.

C'est un ouvrage italien du milieu du seizième siècle.

Collection Debruge, n° 33.

Haut. 72 cent. Larg. 33 cent.

Report   841,406

361 — Autre Cadre de miroir en menuiserie de chêne sculpté, de forme carrée, surmonté d'un dais en saillie.

Ouvrage flamand de beau style et du commencement du seizième siècle.

Haut. 85 cent. Larg. 38 cent.

280

362 — Grand Cadre de miroir en menuiserie de noyer sculpté et de forme carrée en hauteur.

Il est couronné d'un fronton brisé et porte sur un pendentif à mascaron. Le tout en couleur naturelle rehaussée d'or.

Travail italien du seizième siècle.

130

363 — Deux autres Cadres de même forme, mais en largeur et sans fronton ni pendentifs, en bois sculpté et doré à figures et cartouchages.

Travail italien de la première moitié du dix-septième siècle.

290

364 — Peigne en ivoire sculpté, de forme plus haute que large, comme tous les peignes antérieurs au quatorzième siècle.

Il représente d'un côté deux cavaliers se chargeant la lance basse, et l'autre un quadrige des courses de l'hippodrome.

Travail byzantin du onzième siècle.

170

a Reporter   842,276

365 — Peigne d'ivoire sculpté. Il représente sur une face le siége du château d'Amours, et sur l'autre une scène galante tirée des romans.

Ouvrage français du quatorzième siècle.

Collection Debruge, n° 1516.

Haut. 11 cent. Larg. 14 ceut.

366 — Autre Peigne d'ivoire sculpté; il représente aussi des scènes de galanterie.

Travail italien du quinzième siècle.

Haut. 12 ceut. Larg. 17 cent.

367 — Autre Peigne en ivoire du même genre, scènes de romans de chevalerie.

Travail italien; commencement du quinzième siècle.

368 — Autre Peigne d'ivoire : cavaliers et dames dansant.

Travail italien du quatorzième siècle.

Haut. 12 cent. Larg. 15 cent.

369 — Peigne en buis, finement repercé à jour et enrichi de marqueterie dans le goût vénitien.

Collection Debruge, n° 1517.

370 — Peigne en ivoire sculpté de très-bas-relief représentant sur une de ses faces l'Epiphanie; sur l'autre, le Massacre des Innocents.

Beau travail allemand de la première moitié du seizième siècle.

Haut. 11 cent. Larg. 14 cent.

371 — Autre Peigne d'ivoire sculpté.

Il représente sur une face l'histoire de David et Bethsabée ; sur l'autre, le songe du chevalier.

Travail italien du commencement du seizième siècle.

Haut. 12 cent. Larg. 16 cent.

372 — Autre, orné de bustes et arabesques sculptés à jour, de grand style.

Même époque.

Haut. 10 cent. Larg. 16 cent.

373 — Fermoir d'escarcelle en fer repercé à jour autrefois plaqué d'argent.

Il offre une forme arquée au sommet de laquelle s'élève un petit château flanqué de six tourelles et surmonté de deux donjons, dont l'un sert de tiroir pour ouvrir le fermail.

Ouvrage italien du commencement du seizième siècle.

374 — Dame à jouer en ivoire sculpté représentant un guerrier couvert d'un grand écu et qui combat un énorme serpent enroulé sur la tige d'un arbre.

Travail allemand du douzième siècle.

Bardedui 375 — **Autre Dame à jouer**, en ivoire de morse, représentant des personnages jouant au tablier (aux dames).

Même époque. *78*

376 — **Grand Oliphant** d'ivoire sculpté d'entrelacs circulaires renfermant des animaux réels et fantastiques d'espèces très-variées. Deux cercles surbaissés, vers les extrémités de l'instrument, recevaient les lanières qui le fixait à l'écharpe qui servait à le porter.

Webb *South Kensington 7953 "62*

Cet oliphant, le plus capital que nous connaissions en ce genre, est encore un ouvrage de provenance grecque du onzième siècle.

Long. 60 cent. *4000*

377 — **Autre Oliphant** en ivoire de forme prismatique.

Il est orné, sur chacun de ses pans, de riches feuillages au travers desquels on aperçoit des chasseurs et des animaux. *Debruge 154*

Webb Travail flamand du quinzième siècle. *South Kensington 7954."62*

Long. 62 cent. *5000*

378 — **Petit Oliphant** ou huchet de chasse en ivoire sculpté; la partie supérieure offre un bas-relief représentant une chasse; la partie inférieure est ornée de rinceaux à feuillages avec animaux; il est garni de trois viroles en argent ornées de fleurs émaillées de basse taille.

Bardelai Beau travail allemand de la première moitié du seizième siècle.

Long. 24 cent. *17.60*

Gariot

379 — **Guitare** ornée de filets et d'ornements en ivoire incrusté.

Travail allemand du dix-septième siècle.

12 f

Webb

380 — **Petit Étui** de forme carrée aplatie, avec couvercle à tiroir, le tout en argent doré et émaillé de basse taille, à sujets de roman : sur le champ se lit l'inscription : *Ave Maria, gratia plena.*

Travail allemand de la fin du quatorzième siècle. *1120*

Webb

381 — **Grand Diptyque** consulaire en ivoire sculpté.

Il représente sur chacune des tablettes la figure du consul revêtu des insignes de sa charge ; au-dessus on lit, dans deux cartouches : RVFVS GENNADIVS PROBVS ORESTIS (Gennadius Probus Orestes) VIR CLARISSIMVS ET ILLVSTRIS CONSVL ORDINARIVS (en 530) ; dans le haut, sont les bustes de l'empereur Justinien Ier et de Théodora, sa femme ; le bas des tablettes présente des enfants vidant des sacs d'argent, emblèmes des largesses que les consuls faisaient au peuple à leur nomination.

On sait de quelle rareté sont ces diptyques, surtout lorsqu'ils sont complets. Le nôtre se trouve publié dans le *Thesaurus veterum diptycorum*, de Gori.

Travail byzantin du sixième siècle. *10550*

Seillier

382 — **Petites Tablettes** à écrire, en ivoire. Elles se composent de cinq plaques, dont les trois intérieures sont creusées sur leurs deux faces pour recevoir la cire ; les deux extérieures, servant de reliure, sont

sculptées en dehors et représentent des sujets pieux, et le revers est creusé pour la cire. Le fermail en argent de ce petit meuble est en forme d'I gothique, initiale sans doute du nom de son propriétaire.

Travail français du quatorzième siècle.

383 — **Style** à écrire sur les tablettes ou diptyques.

Il est en ivoire sculpté et présente à son sommet deux lions assis.

Fin du treizième siècle.

HORLOGERIE

384 — **Horloge astronomique** de forme carrée, flanquée de quatre pilastres et surmontée d'une coupole de même forme en cuivre doré, gravé et ciselé.

Elle porte sur une face un planisphère céleste recouvert d'un réseau mobile qui sert d'indicateur pour le passage des étoiles et des constellations ; deux aiguilles fixées au centre indiquent, l'une le mouvement diurne du soleil, et l'autre les phases et l'âge de la lune.

La face opposée présente deux cadrans concentriques : l'un pour indiquer l'heure, l'autre pour régler un réveil.

Cette horloge, d'une richesse d'ornementation rare,

repose sur une base de même travail qui est soutenue par quatre lions.

Ouvrage de Nuremberg de la première moitié du seizième siècle.

Haut. 35 cent. Larg. 24 cent.

385 — **Autre Horloge** de même forme, en cuivre doré et ciselé.

Elle porte six cadrans disposés sur les quatre faces du monument, dont l'un indique le parcours du soleil dans le zodiaque ; les champs, base, piliers, coupole, etc., sont couverts de bas reliefs tirés de l'histoire sainte et de figures allégoriques.

Ouvrage de Nuremberg au seizième siècle.

Haut. 34 cent. Larg. 22 cent.

386 — **Grande Horloge** de forme circulaire, surmontée de trois colonnes supportant un entablement triangulaire à coupole en cuivre ciselé et doré, avec panneaux d'argent émaillé ornés de grotesques.

Cette horloge, de très-belle forme, et aussi riche au moins d'ornementation et de ciselure que la précédente, porte un cadran vertical renfermé dans sa base et tournant sur lui-même pour l'indication des heures ; au-dessus, et dans l'aire du petit édifice à coupole, est un cadran horizontal pour le règlement d'un réveil.

Mêmes nationalité et époque.

Haut. 44 cent. Diam. 31 cent.

387 — Horloge de table de forme circulaire, mais basse et sans édifice superposé, cuivre ciselé et doré.

La paroi circulaire de la base est richement ornée de cartouches de ciselure; cette base porte un cadran horizontal pour les heures, qui sont marquées à l'italienne, c'est-à-dire par vingt-quatre.

Au centre de ce cadran s'élève un amortissement hémisphérique richement orné aussi, sur lequel est un autre cadran horizontal pour le règlement du réveil.

Travail allemand du milieu du seizième siècle.

Haut. 11 cent. Diam. 7 cent.

388 — Horloge en forme de tourelle hexagonale, en cuivre doré et ciselé.

L'ornementation de cette belle horloge se compose de deux ordres superposés; l'ordre inférieur, formé de colonnes corinthiennes, renferme des loges remplies par des panneaux d'une riche damasquinure d'or sur fer; l'un de ces panneaux offre une porte qui laisse apercevoir de petites statuettes d'argent indiquant tour à tour, en se présentant sur le seuil, le jour de la semaine.

L'ordre supérieur, flanqué de cariatides sur les angles, est richement décoré de bustes et ornements ciselés et dorés; le replat supérieur de la tourelle porte un planisphère d'argent avec indication des phases de la lune.

Ouvrage de Nurembourg de la première moitié du seizième siècle. (Catalogue Debruge, n° 1446).

Haut. 11 cent. Diam. 6 cent.

389 — **Horloge** de même forme en cuivre doré. Elle représente une tour hexagone et imbriquée, avec fenêtres à croisillons et cadran circulaire en émail de
basse taille sur argent; le haut de cette tour, crénelée et flanquée de nids d'hirondelles, supporte une
coupole ornée de nervures dont les pans sont percés
d'une lucarne de même style que les fenêtres.

Travail français de la deuxième moitié du seizième
siècle.

Haut. 20 cent. Diam. 10 cent.

390 — **Horloge automatique** en bois d'ébène et cuivre
doré, représentant un char traîné par deux panthères, sur lequel est assise la déesse de la chasse,
nue et tenant un arc d'acier de la main gauche,
tandis que de la droite elle décoche une flèche.

Le char, en ébène richement garni de cuivre
doré et ciselé, porte plusieurs cadrans d'argent émaillé de basse taille. Ce char, lorsqu'il est
monté à cet effet, roule de lui-même avec rapidité,
tandis que les figures remuent la tête et les yeux;
Diane même est disposée pour décocher un trait
lorsqu'on l'a placé sur l'arc.

Cette horloge, rare par sa forme et son mécanisme,
relativement à son époque, est un ouvrage allemand du seizième siècle.

Haut 25 cent. Larg. 17 cent.

391 — **Petite Horloge** de table de forme cubique, surmontée d'une coupole repercée à jour, au sommet

de laquelle est placé un cadran horizontal en argent émaillé.

Elle est en cuivre doré, richement et finement gravé de grotesques, avec quatre appliques d'argent, représentant les Évangélistes. Le dessous de l'horloge, également gravé, présente un sujet satirique très-curieux dirigé contre le papisme par la réforme anglicane.

Ouvrage anglais du commencement du dix-septième siècle.

Haut. 10 cent. Larg. 10 cent.

392 — Horloge de table, de plan octogonal, avec cadran horizontal, en argent émaillé de basse taille, marquant l'heure à l'italienne. Les huit faces verticales du monument présentent, en bas-relief, les figures allégoriques des jours de la semaine.

Ouvrage allemand du seizième siècle.

Haut. 8 cent. Diam. 11 cent.

393 — Horloge de forme carrée, en cuivre doré, richement gravé et repercé à jour, surmontée d'une coupole de même travail ; le tout dans le style d'Étienne Delaune.

L'étui de cette belle horloge porte les chiffres de Gaston d'Orléans, frère de Louis XIII.

Haut. 25 cent. Larg. 10 cent.

394 — Montre à suspendre, ou plutôt petite horloge de forme circulaire, en cuivre doré, repercé à jour et ciselé. Le mouvement, en fer, très-bien exécuté pour l'époque, sonne en passant et contient un réveil.

Ce spécimen, origine des montres de poche, est un ouvrage de Nuremberg de la première moitié du seizième siècle.

Diam. 10 cent.

395 — **Autre** semblable, moins grande.

396 — **Autre** semblable.

397 — **Autre** plus petite.

398 — **Montre ovale** à sonnerie et réveil, boîte en argent, gravée et repercée; la gravure représente l'histoire d'Esther.

Fabrique française du commencement du dix-septième siècle.

399 — **Montre** de forme circulaire, richement repercée de rinceaux à fleurs et figures, parmi lesquelles on reconnaît les portraits équestres d'Henri IV et de Louis XIII.

Ouvrage français de la première moitié du dix-septième siècle.

400 — **Petite Montre** à boîte oauliforme, en or émaillé d'épargne, à fins rinceaux de pourpre (dit de Cassius) sur fond blanc.

Cette charmante montre est de fabrique parisienne et de la fin du seizième siècle.

401 — **Petite Montre**, forme de coquille (dite peigne de Vénus), avec boîte en cristal de roche, cadran gravé et doré.

Française, fin du seizième siècle.

402 — **Montre ovale**, forme quadrilobée, boîte en cristal de roche, montée en cuivre doré, avec sonnerie ; le couvercle est de forme convexe, repercé à jour et le cadran est en argent.

Ouvrage allemand de la première moitié du dix-septième siècle.

403 — **Autre Montre** ovale, boîte en cristal de roche taillé à godrons, monture en cuivre doré.

Française, du commencement du dix-septième siècle.

404 — **Petite Montre** de même matière et de forme ovale, le cadran gravé et doré.

Française, fin du seizième siècle.

Cat. Debruge, n° 1461.

405 — **Montre ovale**, boîte à cuvette en même matière, taillée à facettes.

Fabrique de Paris, commencement du dix-septième siècle.

406 — **Montre** de même matière, forme ovale, montée en or émaillé et enrichie de diamants ; le cadran est éga-lement émaillé de diverses couleurs ; sur la sertis-

sure du couvercle on lit cette inscription : *Tempus edax rerum tacitisque senescimus annis.*

Et dessous : *Tempora pretereunt more fluentis aquæ.*

Cette belle et rare montre est un ouvrage français du seizième siècle.

Catalogue Debruge.

407 — **Autre Montre**, de forme hexagonale allongée, à cuvette en cristal de roche fuligineux, taillé à facettes. Le cadran en or émaillé de basse taille.

Travail anglais du dix-septième siècle.

408 — **Montre** de même forme, boîte en argent repercée de rinceaux à jour, avec sonnerie et réveil. Le cadran, richement gravé, en renferme plusieurs autres qui marquent les heures, les jours de la semaine, les mois de l'année, les quantièmes solaires et lunaires, et les phases de la lune.

Fabrique française du commencement du dix-septième siècle.

409 — **Montre** de forme octogone allongée, boîte en cristal de roche montée en cuivre doré, cadran richement gravé.

Fabrique hollandaise, fin du seizième siècle.

410 — **Montre** de mêmes forme et matière taillée à cuvette. Le cadran également gravé.

Allemande, fin du seizième siècle.

411 — **Montre** en forme de croix (à l'usage des prélats), boîte à cuvette en cristal de roche montée en cuivre doré. Le cadran, repercé à jour, est en argent.

Travail allemand de la première moitié du dix-septième siècle.

Catalogue Debruge, n° 1466.

412 — **Petite Montre** de même forme, boîte à cuvette en argent ciselé à fleurs.

Travail français du milieu du dix-septième siècle.

413 — **Montre** de même forme, avec cadran d'argent richement gravé; la boîte, en cuivre doré, représente sur une face le Christ en croix, sur l'autre, la Vierge; le reste est entièrement couvert de fines gravures d'attributs évangéliques et de rinceaux.

Travail français de la fin du seizième siècle.

414 — **Autre Montre** de même forme, avec les extrémités arrondies et de même métal. Elle représente également le Christ et la Vierge; le reste est rempli de rinceaux.

Mêmes travail et époque.

415 — **Petite Montre** de forme amygdaloïde, avec cadran doré et gravé; la boîte en argent uni avec verres en cristal de roche.

Travail anglais de la fin du seizième siècle.

8

416 — **Autre**, en forme de coquille (du genre peigne), le cadran gravé et doré ; la boîte en cristal de roche.

Travail de Paris de la même époque.

417 — **Montre ovale**, cadran et boîte de même que la précédente ; cette dernière est rayonnée à godrons.

Travail français de la même époque.

418 — **Petite Montre ovale octogone** ; le cadran est émaillé, la boîte en cristal de roche tirant sur la topaze.

Travail anglais de la fin du seizième siècle.

419 — **Petite Montre** de même forme ; le cadran en or émaillé et cuivre gravé ; la boîte en cristal de roche serti en or émaillé.

Travail français de la fin du seizième siècle.

420 — **Très-petite Montre** de forme sphérique ; le cadran en argent émaillé, la boîte en ambre taillé à godrons.

Travail anglais de la première moitié du dix-septième siècle.

421 — **Montre en forme de croix** ; le cadran en argent et cuivre gravés ; la boîte en cristal de roche.

Travail allemand du dix-septième siècle.

Dejean 422 — **Montre** de forme octogone, en cristal de roche, montée en or émaillé; le cadran également d'or émaillé d'arabesques d'une belle exécution.

Travail anglais de l'époque d'Élisabeth.

— 423 — **Montre** en cristal de roche formant cinq panneaux arrondis. Le cadran est partie argent et cuivre doré; l'aiguille a la forme d'un lézard émaillé de vert.

Travail de Paris du seizième siècle.

Ruitou 424 — **Montre ovale** entourée de cristaux de roche taillés à table. Le cadran multiple est en argent gravé.

Travail anglais de la fin du dix-septième siècle.

Joyau 425 — **Montre** en cristal de roche représentant un crâne. Le cadran, en argent gravé, est entouré d'un cercle de cuivre doré.

Travail français du seizième siècle.

hennevaux 426 — **Montre** en cristal de roche montée en cuivre doré et gravé, en forme de croix latine. Cadran en argent et cuivre, gravé et doré.

Travail lyonnais de l'époque de Charles IX.

Authier 427 — **Montre** en cristal de roche montée en cuivre doré et gravé; même forme que la précédente.

Travail français de l'époque de Henri III.

428 — **Montre octogone** en or émaillé de blanc, bleu et rouge; les huit pans qui forment les côtés sont garnis de plaques en cristal de roche laissant voir le mouvement.

Cette pièce, de l'époque de Louis XIII, présente un cadran chiffré pour l'usage des Orientaux.

429 — **Montre octogone** en cristal de roche, montée en or émaillé de bleu; les cristaux sont gravés de figures et d'arabesques délicatement exécutées; le cadran est en or émaillé de diverses couleurs.

Cette belle et rare montre est un ouvrage français du règne de Charles IX.

430 — **Petite Montre** en cristal de roche à huit pans rentrants; les cristaux du dessus et du dessous sont taillés à rayons allongés; le cadran est formé d'un disque d'argent sur fond d'or gravé.

Le mouvement est tout primitif : il n'a ni chaîne ni corde de boyau; ce travail, qui est allemand, appartient à la première moitié du seizième siècle.

431 — **Montre** en cristal de roche et cuivre doré et gravé, forme de croix latine, cadran en argent.

Travail parisien du temps de Louis XIII.

432 — **Montre** en cristal de roche avec garniture en or ciselé et émaillé. Le cadran, émaillé comme la boîte, est en or.

Mêmes lieu et époque.

433 — **Montre** en cristal de roche, forme ronde, taillée à douze rayons; cadran en argent, gravé au champlevé.

Travail français du dix-septième siècle.

434 — **Montre** en forme de cœur, boîte en cristal de roche, montée en cuivre gravé et doré, le cadran émaillé.

Travail français du dix-septième siècle.

435 — **Petite Montre** de même forme, en argent gravé; le cadran, de même métal, est émaillé; un cœur percé d'outre en outre par une flèche forme l'aiguille.

Mêmes travail et époque que la précédente.

436 — **Petite Montre** en forme de poire; le cadran est en or émaillé blanc, vert et rouge.

Travail allemand du dix-septième siècle.

437 — **Montre** en cristal de roche, taillé à facettes; le cadran en cuivre finement gravé et doré.

Ouvrage lyonnais de la fin du seizième siècle.

438 — **Montre octogone**, boîte en cristal de roche, monté en cuivre doré et richement gravé à jour.

Travail français de la fin du seizième siècle.

439 — **Montre octogone** en cristal de roche et en cuivre doré, très-artistement gravée dans toutes ses parties.

Travail hollandais de la même époque.

440 — Montre semblable à la précédente, exécutée à Lyon vers la fin du seizième siècle.

441 — Montre ovale en argent et en cuivre gravé et doré.

Travail lyonnais de la fin du seizième siècle.

442 — Montre ovale du même genre, en argent, et les cristaux de roche taillés à facettes, cadran doré et gravé.

Travail français de la même époque.

443 — Montre octogone en cristal de roche fuligineux, montée en cuivre doré.

Travail allemand du milieu du seizième siècle.

444 — Montre ovale en argent et en cuivre doré et gravé.

Le cadran, également en cuivre gravé et doré, offre au centre une jolie rosace d'arabesques à jour. La boîte en cristal de roche taillé à facettes.

Travail de la seconde moitié du seizième siècle.

Faite à Sedan.

445 — Montre ovale en argent uni.

Cadran en argent couvert de fines gravures. Le mouvement est signé : Pasquier-Perras, à Blois.

Travail français de l'époque de Louis XIII.

446 — **Montre** en argent gravé en champlevé sur toutes ses parties. Le couvercle supérieur représente Diane et ses nymphes au bain ; le côté opposé a pour sujet Diane et Actéon ; le cadran, en argent, représente des figures et des arabesques d'une exécution parfaite.

Cette jolie montre, exécutée à Lyon, est de la même époque.

447 — **Très-jolie Montre** de forme ronde en cristal de roche et en or émaillé blanc et noir. Le cadran, en argent, se détache en relief sur fond d'or gravé avec une grande finesse.

Travail français exécuté sous Charles IX.

448 — **Petite Montre** à cuvette en cristal de roche, montée en cuivre doré et gravé ; le disque horaire, en argent, repose sur un fond en cuivre doré et finement gravé.

Travail français de la seconde moitié du seizième siècle.

449 — **Petite Montre** en argent de forme ronde, cadran en argent doré et gravé en champlevé.

Joli travail anglais de la seconde moitié du seizième siècle.

450 — **Montre** en argent ayant la forme d'une tulipe ; elle s'ouvre de trois côtés.

Travail suisse du commencement du dix-septième siècle.

451 — **Grosse Montre** de forme ronde ; le cadran, en argent doré et découpé à jour au centre ; la partie opposée au cadran offre un bas-relief représentant Persée et Andromède.

Le mouvement est à sonnerie et à réveil.

Travail français de l'époque de Henri III.

452 — **Grosse Montre** en cristal de roche de forme octogone ; la monture, en cuivre doré, est gravée et ciselée ; le cadran, en argent, se détache sur un fond d'or gravé d'arabesques.

Travail de l'époque de Louis XIII.

453 — **Montre octogone** en cristal de roche, cadran et monture en cuivre doré et gravé. Le mouvement en est très-bien conservé.

Travail allemand de la seconde moitié du seizième siècle.

454 — **Montre** de forme octogone en cristal de roche, cadran et monture en cuivre doré et gravé.

Travail allemand de la seconde moitié du seizième siècle.

455 — **Petite Montre** en cristal de roche, de forme ovale;
le cadran en argent et cuivre gravé et doré.

Travail français de l'époque de Louis XIII.

456 — **Montre octogone** en jaspe fleuri oriental, montée
en cuivre doré; le cadran est en argent et se détache
sur fond d'or gravé.

Travail allemand du commencement du dix-septième siècle.

457 — **Petite Montre** exactement semblable à celle décrite
au n° 455.

458 — **Montre** en forme de croix, en pâte de verre violet
imitant l'améthyste, monture en cuivre gravé et
doré; le cadran, en argent gravé, offre le Christ en
croix.

Travail français du temps de Louis XIII.

459 — **Petite Montre octogone** en cuivre doré et cristal de roche, le cadran en argent gravé.

Ouvrage allemand de la même époque.

460 — **Montre** à huit pans en cuivre et argent gravés, décorée d'arabesques et de sujets de l'Ancien Testament.

Ouvrage français époque de Louis XIII.

461 — **Montre** en forme de rosace en cuivre doré et argent finement ciselé ; le cadran, en argent gravé, est orné d'un paysage.

Même époque.

— 462 — **Montre** en forme de cœur en cristal de roche, montée en cuivre doré et gravé ; cadran en argent émaillé de basse taille.

Ouvrage allemand du seizième siècle.

463 — **Petite Montre ovale** en jaspe fleuri oriental, monture en argent et en cuivre doré et gravé.

Ouvrage français de la fin du seizième siècle.

464 — **Très-petite Montre** en or émaillé, décorée de figures et de rinceaux à feuillages en relief sur fond vert.

Ouvrage français du temps de Louis XIII.

465 — **Petite Montre ovale** en cristal de roche, ornée de cannelures, monture et cadran en or émaillé de fleurs sur fond blanc.

Ouvrage français du seizième siècle.

466 — **Belle Montre** en cristal de roche jaune (topaze), taillé à facettes, monture et cadran en or émaillé de basse taille.

Ouvrage italien très-remarquable du seizième siècle.

467 — **Montre** en argent ayant la forme d'un crâne humain, avec emblèmes et inscriptions latines gravées.

Travail allemand.

468 — **Montre** en cristal de roche en forme de croix; monture en cuivre doré et gravé.

Ouvrage français du temps de Louis XIII.

469 — **Montre** de forme circulaire, en cristal de roche taillé en rayons divergents; monture en cuivre doré et cadran en argent.

Ouvrage français.

470 — **Montre** ayant la forme d'un fruit, en or émaillé, enrichie de diamants tables et de grenats, le cadran et l'intérieur de la boîte sont richement décorés d'émaux translucides.

Ouvrage anglais du seizième siècle.

471 — **Montre ronde** à huit rayons, en argent gravé, le cadran en argent sur fond d'arabesques dorées.

Ouvrage français, fin du seizième siècle.

471 *bis*. **Gnomon** en forme de verre à pied, d'argent en partie doré, gravé très-soigneusement à l'intérieur d'un planisphère et au dehors d'élégants ornements renaissance.

Travail de Nuremberg, seizième siècle.

VAISSELLE D'ÉMAIL

Roussel

472 — **Aiguière** à peinture en grisaille rehaussée d'or, sur fond noir, représentant Didon recevant Enée à sa table, le reste du vase est décoré de grotesques.

16,200

Roussel

473 — **Bassin** circulaire qui est le complément du vase ci-dessus. Il représente, au fond, les noces de Psyché d'après Raphaël ; le bord est décoré de petits amours tenant des masques et des médaillons.

Ces deux belles pièces, d'une conservation parfaite, sont l'œuvre de L. Penicaud, l'un des plus excellents émailleurs de Limoges au seizième siècle.

Catalogue Debruge, n° 699.

Haut. de l'aiguière 29 cent. Diam. du plat 42 cent.

21,000

Sillière

474 — **Autre Aiguière**, même émail.

La panse est ornée d'une peinture représentant des cavaliers combattant ; au-dessus une frise de Tritons.

Par J. Courtois, de Limoges.

Haut. 30 cent.

9,650

Roussel

475 — **Bassin** ovale, en même émail, accompagnant l'aiguière ci-dessus. Il offre la même composition que le bassin n° 473, avec quelques variantes ; le bord est orné de grotesques.

Idem.

Diam. 50 cent. sur 39.

11,500

à Reporter *986,435*

476 — Autre Aiguière en émail de couleurs sur paillons et rehaussé d'or, représentant des sujets de l'histoire de Jason et de la conquête de la Toison d'or, d'après les dessins du Rosso.

Émail de Limoges, par Suzanne Courtois, seizième siècle.

Haut. 27 cent.

477 — Bassin ovale accompagnant l'aiguière ci-dessus, mêmes émail et décors, par la même.

Catalogue Debruge, n° 743.

Diam. 53 cent. snr 39.

478 — Aiguière sans bassin, émail peint en grisaille.

La panse représente les Hébreux agenouillés autour du serpent d'airain; à gauche est Moïse entouré d'un groupe de vieillards et élevant l'index vers le ciel. Le reste du vase contient des figures et des ornements imités de l'antique. Elle porte la date de 1562.

Limoges, un des derniers ouvrages de P. Reximond.

Haut. 29 cent.

479 — Autre Aiguière ou **Buire** de forme évasée, en émail peint en couleurs sur paillons, avec rehauts d'or; elle représente un sujet tiré de l'histoire de Jason.

De Limoges et par Suzanne Courtois, seizième siècle.

Catalogue Debruge, n° 742.

Haut. 23 cent.

480 — **Grand Bassin** rond en émail peint de couleurs rehaussées d'or, représentant Moïse frappant le rocher;
composition de nombreuses figures.

Catalogue Debruge, n° 732.

Ouvrage de Martial Courtois, de Limoges, seizième
siècle.

Diam. 45 cent.

481 — **Autre grand Bassin** de même forme, avec ombilic au centre, peint en émail, grisaille teintée.

Le tour de l'ombilic représente l'histoire d'Adam
et Ève, et l'ombilic un buste d'homme, tandis que
le revers offre un portrait de femme; ces bustes sont
en couleur. Le bord est richement orné de grotesques.

Catalogue Debruge, n° 709.

Ouvrage de P. Rexmond, de Limoges, seizième
siècle.

Diam. 47 cent.

482 — **Bassin ovale** peint en émail, grisaille teintée.

Le sujet qui occupe le fond de ce bassin, composé
de nombreuses figures, est tiré du dix-huitième
chapitre de l'Exode; le bord est décoré d'arabesques,
et le revers orné d'un grand cartouchage offrant
au centre le portrait de Henri IV, alors roi de Navarre, et la date de 1576.

Cet émail, non signé, est encore un des derniers
ouvrages de P. Rexmond, de Limoges.

Diam. 55 cent. sur 40.

483 — Bassin de même forme, peint en émail de même couleur.

Le fond représente Moïse faisant pleuvoir la manne ; le bord se compose d'une frise de médaillons et de guirlandes en camaïeux d'or soutenus par de petits génies peints en grisaille. Le revers est orné d'un buste de femme encadré d'un cartouchage.

Ce plat, signé Léonard Limousin, porte la date de 1568.

Diam. 45 cent. sur 37.

483 bis. Grand Plat ovale, grisaille teintée.

Suzanne surprise au bain par les vieillards ; les bords ornés d'arabesques, et le revers d'un grand cartouchage avec figure au centre.

Limoges. Signé P. Courtoys, en toutes lettres.

Très-belle conservation.

Long. 50 cent. Larg. 38 cent.

484 — Autre Bassin ovale, peint en émail grisaille et couleurs.

Le fond, occupé par une riche composition de figures, représente la naissance d'Adonis au moment où Mirrha, sa mère, vient d'être métamorphosée en arbre. Le bord est orné d'arabesques et le revers offre, au milieu d'un riche cartouche, un buste de femme, avec la devise : *Nul ne s'y frotte.*

Par Jean Court, de Limoges, seizième siècle.

Diam. 38 cent.

485 — Autre Bassin de forme circulaire, peint en émail grisaille sur fond bleu. Il représente le groupe de Laocoon disposé d'une manière différente de la statue de ce nom.

Le bord est orné de camées convexes peints en grisaille et reliés entre eux par des arabesques ; le revers est ornementé d'une manière analogue aux précédents.

Limoges, seizième siècle.

Diam. 40 cent.

486 — Petit Bassin (coupe à boire) avec pied, ombilic et bronçon.

Le corps du bassin est repoussé à godrons émaillés de blanc avec intervalles bleus à l'extérieur, disposition qui se montre contraire dans l'intérieur.

L'ombilic, repoussé en rosaces à plumes de paon, offre les mêmes couleurs ; le pied, le goulot et trois anses attachées au corps du vase sont bleus.

Tous ces émaux sont enrichis de palmettes de feuilles d'or frappé, appliquées au moment de la cuite.

Ouvrage vénitien du seizième siècle.

Haut. 25 cent. Diam. 20 cent.

486 bis. Petite Aiguière ou burette à bronçon, forme orientale ; la panse godronnée est émaillée de blanc sur fond bleu, le reste du vase de cette dernière couleur seulement ; le tout richement rehaussé d'or frappé, dont une grande partie se compose de fleurs de lis sans nombre.

Émail de Venise. Fin du quinzième siècle.

Haut. 18 cent.

487 — **Coupe** avec pied à balustre et couvercle, peinte en grisaille.

L'intérieur représente Joseph devant Pharaon, expliquant son songe ; le reste de la coupe contient les autres épisodes de l'histoire de Joseph.

C'est encore un des derniers ouvrages de P. Rexmond de Limoges.

Haut. 23 cent. Diam. 17 cent.

488 — **Autre Coupe** de mêmes forme et émail.

L'intérieur représente le festin d'Énée et Didon le pied, sans balustre quoique élevé, est orné de guirlandes et de trophées.

Le dessus du couvercle offre quatre médaillons convexes, sur lesquels sont autant de bustes d'hommes et de femmes ; l'intervalle est aussi rempli par des trophées.

Cette belle coupe est signée en toutes lettres P. Rexmond, avec la date de 1546.

Haut. 20 cent. Diam. 20 cent.

489 — **Autre Coupe** de mêmes forme et émail.

L'intérieur présente l'histoire du serpent d'airain.

9

Le pied est orné dans le goût de celui de la coupe précédente, et le couvercle contient des sujets bibliques ; sur la base du pied est une armoirie avec la devise : *Asses tôt, si asseʒ bien.*

Initiales de P. Rexmond, 1554.

Catalogue Debruge, n° 707.

Haut. 23 cent. Diam. 20 cent.

490 — Coupe de mêmes forme et émail.

Le couvercle porte une riche composition de figures dont le sujet est le Triomphe de Diane.

L'intérieur de la coupe et le pied sont décorés des mêmes sujet et ornements que celle du n° 488.

Elle est encore signée de P. Rexmond, avec la date de 1552.

Haut. 25 cent. Diam. 10 cent.

491 — Autre coupe de mêmes forme et émail.

Sur le couvercle est encore une riche composition de figures représentant le Triomphe de Bacchus.

L'intérieur présente un sujet de figures faisant allusion à l'usage du vin.

Le pied, décoré de grotesques et d'un écusson d'armoiries, porte la devise : *Non est mortale quod opto.*

Cette belle coupe est encore du même artiste.

Catalogue Debruge, n° 711.

Haut. 24 cent. Diam. 20 cent.

492 — **Petite Coupe** à balustre, sans couvercle, émail peint en grisaille, rehaussé d'or.

A l'intérieur, le roi Josias fait lire dans le temple, en présence du peuple juif et des sacrificateurs, le livre de la loi, qui y avait été retrouvé ; sur le pied, les enfants de Noé sont représentés couvrant la nudité de leur père.

Limoges, signé P. R. (P. Rexmond.)

Haut. 13 cent. Diam. 16 cent.

493 — **Coupe** de mêmes grandeur et forme, également sans couvercle, et de même émail.

L'intérieur représente Judith remettant à sa suivante la tête d'Holopherne ; sur le pied, Joseph et la femme de Putiphar.

Limoges, même signature.

494 — **Grande Coupe** avec pied conique et couvercle, émail peint en grisaille avec rehauts d'or.

Le sujet est encore Énée à la table de Didon, comme dans la coupe du n° 488.

Le pied est orné de feuillages et de guirlandes d'émail bleu clair sur fond noir avec rinceaux d'or.

Le couvercle porte quatre bossages contenant des bustes d'hommes et de femmes peints en grisaille dans le style antique. Entre ces bossages sont des

— 134 —

trophées et des feuillages du même bleu que sur le pied; le revers est orné de même.

Cette belle coupe est signée comme les précédentes.

Haut. 18 cent. Diam. 20 cent.

6,850

495 — **Coupe basse** sans couvercle, émail peint et rehaussé comme aux précédentes.

Le fond, qui a un ombilic au centre, présente un portrait d'homme dans le costume du temps de Charles IX, vu à mi-corps, devant une table et tenant une sphère; autour est un jardin planté d'arbres fruitiers et de fleurs; le revers offre une riche frise représentant la marche triomphale de Bacchus.

Sur le pied sont des mascarons et des guirlandes, avec cette devise: *Raison partout.*

Limoges, même artiste.

Haut. 8 cent. Diam. 17 cent.

1121

496 —. **Grande Coupe basse** ou coupon sans couvercle, d'émail pareil.

Le fond représente le Passage de la mer Rouge; au revers est un riche cartouchage à cariatides et mascarons, sur fond noir, rehaussé d'arabesques d'or; le pied est orné de grotesques.

Signé **J. C.** (Jean Court); milieu du seizième siècle.

Haut. 34 cent. Diam. 19 cent.

2121

497 — **Autre Coupe** de mêmes forme, grandeur et émail.
L'Enivrement de Loth par ses filles.
Limoges, P. Rexmond (non signée).
Catalogue Debruge, n° 715.

Haut. 9 cent. Diam. 24 cent.

498 — **Petite Coupe** de mêmes forme et émail, peinte en
couleurs sur paillon.
L'intérieur représente Mutius Scævola devant
Porsenna.
Limoges, J. Courtois.
Catalogue Debruge, n° 745.

Haut. 7 cent. Diam. 19 cent.

499 — **Grande Coupe** de mêmes forme et émail.
Le fond présente une épisode de l'histoire des
Argonautes; le revers est orné de cartouchages à
figures.
Même artiste.
Catalogue Debruge, n° 744.

Haut. 11 cent. Diam. 25 cent.

500 — **Grand Bassin d'aiguière** ovale, en émail peint
en grisaille légèrement teintée, et rehauts d'or.
Le fond représente le Parnasse; Apollon, entouré des Muses, joue de la lyre, tandis que ces
dernières l'accompagnent de divers instruments; le
bord est orné de cartouchages ainsi que le revers.
Limoges, signé P. Cortoys; milieu du seizième
siècle.

Diam. 50 cent. sur 37.

501 — Autre grand Bassin de mêmes forme et émail.

Le fond représente le Festin de Balthazar ; le bord est orné de grotesques, et le revers d'un grand cartouchage.

Limoges, milieu du seizième siècle.

Diam. 53 cent. sur 39.

502 — Assiettes (douze) peintes en grisaille avec les chairs teintées et rehauts d'or.

Elles représentent les mois de l'année, ou plutôt les travaux champêtres et occupations qui ont lieu dans chacun d'eux.

Les bords et les revers sont ornés de mascarons, de cartouchages et de cariatides.

Cette belle douzaine de tranchoirs, déjà rare par son intégrité, est de plus parfaitement conservée.

Limoges, initiales de Jean Courtois.

Diam. de chaque, 20 cent.

503 — Grand Médaillon ovale en hauteur, le Mois de mai, peinture coloriée : Deux femmes assises sur l'herbe font de la musique.

Limoges, initiales de P. Courtois.

Haut. 35 cent. Diam. 26 cent.

504 — Autre Médaillon semblable, le Mois d'août. Des baigneurs, au milieu de la campagne, se livrent au plaisir du bain dans une rivière.

Même artiste.

505 — **Assiette** en émail colorié : Joseph et la femme de Putiphar.

Limoges, Jean Courtois.

Catalogue Debruge, nᵛ 737.

Diam. 20 cent.

506 — **Autre assiette** de même : le Mois de février.

Catalogue Debruge, n° 765.

Diam. 20 cent.

507 — **Grande assiette** en émail peint de grisaille teintée et rehaussée d'or : Vénus portée sur la mer par des tritons et escortée de Néréides ; sujet tiré de l'histoire de Psyché ; les bords ornés d'arabesques et le revers d'un cartouchage.

Catalogue Debruge, n° 730.

Diam. 25 cent.

508 — **Deux Salières** de forme prismatique, avec capsules dessus et dessous, émail peint en grisaille teintée et rehaussée d'or.

Sur les pans verticaux sont représentés les douze travaux d'Hercule ; dans les capsules, des bustes de guerriers et de femmes ; bordures d'arabesques signées P. Rexmond. (Environ 1540.)

Haut. 8 cent. Diam. 8 cent.

508 *bis*. **Autre Salière**, forme hexagonale, émail blanc rehaussé de bleu sur fond noir : les Travaux d'Hercule ; buste d'homme et de femme dans les capsules.

Limoges, seizième siècle.

Haut. 7 cent.

509 — **Salière** de forme ovale, à une capsule, émail pareil.

La base, qui forme une haute moulure, est peinte d'un paysage avec figures dans le costume du seizième siècle.

La capsule contient un buste lauré entouré de cartouchages et de fruits : on lit autour de la base ces deux devises : *Spere lucen* (*Spero lucem*) ; — *Pour aymer en vertu.*

Cette salière, signée P. C., Pierre Courtois, est dans la manière de P. Rexmond.

Haut. 8 cent. Diam. 10 cent. sur 8 1/2.

510 — **Salière** ronde, même émail ; sur la base, Loth enivré par ses filles ; au revers, les Habitants de Sodome frappés de cécité ; dans la capsule, un buste de guerrier et cartouchages.

Limoges, P. Rexmond.

Catalogue Debruge, n° 719.

Diam. 11 cent.

511 — **Autre Salière** de mêmes forme et émail. Sur la base, les dieux de la mythologie ; au dessus, on lit :

Prenez-en gré et la date de 1545. Dans la capsule, un buste de femme.

Limoges, même artiste, seizième siècle.

Haut. 7 cent. Diam. 12 cent.

512 — Salière ronde à la base et au sommet, mais de forme hexagonale dans l'étranglement de son fût, émail en couleurs sur paillon, avec rehauts d'or.

Sur les pans, sont six dieux ou déesses de la mythologie, et dans la capsule un buste de femme.

Limoges, par Jean Limosin. Fin du seizième siècle.

Collection Debruge, n° 780.

Haut. 8 cent. Diam. 10 cent.

513 — Vase à deux anses (à fleurs), décoré en grisaille, représentant, sur le bas de la panse, Apollon et les Muses ; au-dessus, des scènes de chasse.

Ouvrage de Pierre Rexmond, parfaitement conservé.

Haut. 25 cent.

514 — Grands Chandeliers torciers (deux), à bobèches quadrilobées et richement ornées de moresques d'or sur fond noir ; cette bobèche est supportée par un grand balustre décoré d'élégants entrelacs blancs rehaussés de bleu, sur fond pareil à la bobèche. La base du balustre et la cuvette du chandelier sont décorées de jeux d'enfants, et le grand tore, sur le-

quel repose le tout, repoussé à bossages, présente
les travaux d'Hercule ainsi que des dieux et déesses
de la mythologie, le tout en or et couleurs.

Ces chandeliers, les plus beaux que nous ayions
vus, sont l'œuvre de Jean Courtois, l'un des plus célèbres émailleurs de Limoges.

Haut. 36 cent.   *29,900*

515 — Grand et beau Vase à deux anses, forme d'aiguière, présentant sur la partie inférieure de la
panse un sujet tiré de la Genèse.

Composition de nombreuses figures et, au sommet, la même frise de jeux d'enfants mentionnée ci-
dessus, le tout en or et couleurs sur paillon.

Le pied, le col et les anses du vase sont aussi richement décorés de feuillages, de trophées et de
chatons imitant des pierreries.

Par le même artiste.

Haut. 30 cent.   *19,900*

516 — Aiguière de mêmes émail et couleurs, représentant
Moïse recevant de l'Éternel les tables de la loi et
d'autres épisodes de la Genèse, et au-dessus, la même
bacchanale d'enfants, reproduite sur les deux objets
précédents.

Le col, le pied et l'anse de décor pareils.

Par le même.

Haut. 26 cent.   *14,900*

à *Reporter* 1,227,178

517 — Salières (deux) de forme sphérique, avec pied à balustre ; la partie supérieure décorée d'élégants petits génies assis et de mascarons.

Le pied, de la même frise d'enfants ci-dessus ; le tout dans les mêmes couleurs que les objets précédents.

Par le même.

Haut. 14 cent.

518 — Grande Coupe sans couvercle (coupon à fruit), avec pied.

L'intérieur de la coupe représente l'histoire de Loth et l'incendie de Sodome ; le revers un très-bel entrelac enrichi de cariatides et de mascarons.

Or et couleurs semblables aux précédents.

Par le même.

Haut. 14 cent. Diam. 25 cent.

519 — Assiettes (deux), des mêmes couleurs et émail.

Elles représentent : l'une, le jeune Benjamin ramené prisonnier après la découverte de la coupe trouvée dans son sac, et l'autre, Joseph se faisant connaître à ses frères.

Bords et revers ornés de mascarons, rinceaux et feuillages.

Par le même.

Diam. 20 cent.

Ces neuf pièces, qui paraissent avoir été exécutées dans le même temps et pour la même maison, sont

d'une conservation et d'une fraîcheur remarquables;
elles portent toutes, sous les socles qui sont émaillés
de noir avec des pointillés et des fleurs de lis d'or,
les initiales du maître.

Seizième siècle.

519 *bis*. — **Aiguière** en grisaille teintée.

Sur la panse, la création d'Adam et d'Ève, leur
premier péché et leur expulsion du paradis ter-
restre; au-dessus, frise de tritons et de néréides.

Par Jean Courtois, de Limoges.

Très-belle conservation.

Haut. 30 cent.

POTERIES FRANÇAISES

FABRIQUE DE BERNARD DE PALISSY

520 — Grand plat ou **Bassin ovale** à décors dits rustiques (V. les *Mémoires* de B. Palissy), composé de poissons, de reptiles, de coquillages et insectes coloriés au naturel sur fond bleu lapis; le revers est tacheté de rouge-brun, de violet et de gris : c'est le genre de revers auquel on a donné le nom de *truité*.

Milieu du seizième siècle.

Diam. 50 cent. sur 38 cent.

521 — **Autre Plat** d'ornementation, à peu près semblable, sur fond jaune (cette variété est rare); revers incolore.

Diam. 48 cent. sur 37 cent.

522 — Autre Plat de même genre à bords renversés, avec fond bleu rustique; revers grisâtre, tacheté de bleu et de brun.

Diam. 54 cent. sur 45 cent.

523 — Autre Plat semblable, sur fond bleu grisâtre; revers bis, tacheté de brun.

Diam. 55 cent. sur 46 cent.

Report 1,270,040

Altenbourg

524 — **Autre Plat** semblable, à bords renversés; fond bleu et brun; revers bis, tacheté de bleu et de brun.

Diam. 53 cent. sur 40 cent.   675

Moreau

525 — **Autre Plat** semblable, fond bleu, revers truité.

Diam. 53 cent. sur 41 cent.   465

Malinet

526 — **Autre Plat**, à bord renversé et godronné, fond bleu; revers bis, tacheté de brun.

Diam. 50 cent. sur 37 cent.   480

Tuillière

527 — **Autre Plat** semblable, avec fond rustique, émaillé de brun-rouge, fond bleu et rougeâtre; revers truité.

Diam. 54 cent. sur 42 cent.   530

Guichard

528 — **Autre Plat** semblable, fond bleu uni.

Diam. 53 cent. sur 41 cent.   600

Couteau

529 — **Autre Plat** semblable, moins grand, fond pareil; revers truité.

Diam. 44 cent. sur 35 cent.   340

Jolie

530 — **Autre Plat** analogue, plus petit, avec base ou pié-douche en dessous; fond et revers pareils au précédent.

Diam. 32 cent. sur 25 cent.   345

Webb

531 — **Autre Plat** de mêmes forme et grandeur, à bord plat; mêmes fond et revers.

Diam. 33 cent. sur 25 cent.   510

a Report 1,273,985

532 — Autre Plat semblable, à fond truité.

Diam. 33 cent. sur 25 cent.

533 — Autre Plat de même, à bord renversé et base en dessous; fond rustique de couleur truitée; revers de même couleur.

Diam. 32 cent. sur 25 cent.

534 — Autre Plat semblable, fond bleu; revers bis et truité.

Diam. 31 cent. sur 23 cent.

535 — Autre Plat semblable, fond rustique bleu, revers truité.

Diam. 33 cent. sur 25 cent.

536 — Grand Bassin d'aiguière ovale, à rebords plats. Le fond lisse, et de couleur truitée, porte un ombilic orné de petits mascarons renfermés dans une moulure disposée en quadrilobe; le bord est décoré d'une riche frise de palmettes et de fleurons; tous ces ornements sont de couleurs diverses et reposent sur des fonds différents.

Ce beau plat a été décrit par M. Labarte, n° 1172 de son Catalogue.

Diam. 50 cent. sur 38 cent.

537 — Grand Bassin rond, dont le fond représente la Nymphe de Fontainebleau, sous les traits de Diane de Poitiers, s'appuyant sur un cerf et entourée d'une meute de chiens.

Le bord présente huit cavités de formes diverses, séparées entre elles par des mascarons variés.

Ce très-beau plat provient de la collection Denon.

Diam. 50 cent.   *7,300*

Manheim

538 — **Plat ovale**, présentant le même sujet, mais de composition différente ; la Nymphe est assise auprès d'un ruisseau dans lequel boit un chien.

Bord à godrons blancs sur feuillages bleus.

Diam. 22 cent. sur 24 cent.   *911*

Lafaulotte

539 — **Plat rond** à ombilic, moulage de celui en étain de F. Briot.

Ce beau et rare bassin, émaillé de vives et belles couleurs, est le plus frais, le plus net et le mieux conservé que nous ayons vu.

Le revers, qui est granité de diverses couleurs, présente, sous l'ombilic, la lettre F, gravée à la pointe avant la cuisson.

Diam. 42 cent. 1/2.   *10000*

Roussel

540 — **Bassin** semblable, également moulé sur celui de Briot et émaillé de couleurs analogues ; revers truité.

Même diamètre.   *4800*

541 — **Très-petit Plat** ovale, moulé sur des étains de Briot, représentant la personnification de la Terre

Diam. 17 cent. sur 13 cent.

542 — **Autre petit Plat** semblable, représentant celle de l'Air.

Mêmes dimensions.

543 — **Petit Plat** rond qui paraît être encore un surmoulé de quelque plomb du seizième siècle, qui représente le Jugement de Pâris ; large bord évasé à godrons et palmettes ; revers truité.

Diam. 23 cent.

544 — **Grand Plat ovale** : La Fécondité ; une femme nue, demi-couchée sur des coussins et des draperies de diverses couleurs, tient sur son sein un enfant qui semble la caresser ; à gauche se jouent quatre autres enfants, également nus.

Le bord est creusé de huit capsules, alternées par des mascarons et des fruits.

Diam. 48 cent. sur 40 cent.

545 — **Autre grand Plat** semblable, mais de coloration différente.

Diam. 49 cent. sur 41 cent.

546 — **Grand Plat rond** : Persée délivrant Andromède ; large bord à huit capsules rondes, séparées par un vase accosté de deux figures d'enfants assis. Cette variété est rare.

Diam. 46 cent.

547 — **Autre Plat** du même modèle, colorié diversement et dont le bord, sans capsules, est décoré de godrons émaillés en brun.

Diam. 38 cent.

10

St Seine **548 — Grand Plat** rond à bord renversé et festonné.

> Le fond, repercé à jour, se compose d'un réseau d'entrelacs semé de rosaces diverses; le bord est orné d'un double rang de feuilles couronné de marguerites.
>
> Diam. 30 cent.

Siéklier **549 — Autre Plat** tout à fait semblable.

> Diam. 30 cent.

St Seine **550 — Plat ovale** sans bord, composé de cinq capsules: une oblongue, centrale, et quatre rondes disposées autour. Ces dernières sont séparées par des génies ailés, tenant les attributs de la Guerre.

> Diam. 33 cent. sur 25 cent.

Siéklier **551 — Autre Plat** semblable.

> Diam. 32 cent. sur 24 cent.

St Seine **552 — Autre Plat** semblable, de couleur plus pâle.

> Diam. 32 cent. sur 26 cent.

St Seine **553 — Petit Plat ovale**, disposition analogue aux précédents; la cavité du centre est entourée de huit capsules alternant de forme et séparées par des cornes d'abondance.

> Diam. 33 cent. sur 25 cent.

Blocher **554 — Autre Plat** semblable, d'une coloration différente.

> Diam. 33 cent. sur 25 cent.

Report — 1,309,312

Cautau **555** — **Autre Plat** semblable.

Diam. 33 cent. sur 26 cent.

301

Malinet **556** — **Autre Plat** semblable.

Diam. 33 cent. sur 26 cent.

166

Sellière **557** — **Autre Plat** semblable.

Diam. 33 cent. sur 25 cent.

415

Attinborowy **558** — **Autre Plat** semblable.

Diam. 32 cent. sur 24 cent.

300

Beurdelay **559** — **Plat rond :** le fond contient une bacchanale d'enfants du meilleur style, représentant l'enfance de Bacchus ; le bord est élégamment décoré de palmettes et de fleurons d'acanthe, en diverses couleurs.

Diam. 26 cent.

426

Hudte **560** — **Autre Plat** du même modèle, dont la bordure seule diffère.

Diam. 27 cent.

165

Malinet **561** — **Plat ovale :** Henri IV, assis, entouré de sa famille et de plusieurs seigneurs de sa cour.

Le bord, évasé, est orné de godrons et de palmettes.

Diam. 32 cent. sur 27 cent.

170

à Reporter — 1,311,255

Report 1 344, 244

Ménager

562 — **Plat ovale** sans bord, il contient cinq cavités dont les quatre extérieures, qui sont rondes, sont séparées par un ornement de consoles géminées, de la réunion desquelles s'élève une fleur. Cet ornement est découpé à jour.

Diam. 29 cent. sur 32 cent.   200

562 *bis* — **Autre Plat** semblable.

Mêmes dimensions.

Duchâtel

563 — **Autre Plat** semblable.

Diam. 30 cent. sur 21 cent.   400

D° —

564 — **Autre Plat** semblable.

Diam. 30 cent. sur 22 cent.   395

Loche

565 — **Autre Plat** semblable.

Diam. 29 cent. sur 21 cent.   185

Molinet

566 — **Deux autres Plats** de même modèle, moins grands.

Diam. 26 cent. sur 20 cent.   429

Guittard

567 — **Autre Plat** semblable.

Diam. 26 cent. sur 20 cent.   150

Delaribelière

568 — **Autre Plat** semblable, colorié différemment.

Diam. 26 cent. sur 19 cent.   155

à Reporter 1 343, 174

Report — 1,313,174

Coutau 569 — **Plat ovale**. Le fond représente un fleuve (la personnification) nu, assis entre des roseaux, la main droite appuyée sur son urne, et la gauche sur une rame.

Le bord est orné de mascarons et de quintefeuilles. Modèle peu commun.

Diam. 35 cent. sur 26 cent.

174

Seillier 570 — **Plat ovale** : Jupiter, sous les traits de Diane, séduit la nymphe Calisto.

Diam. 34 cent. sur 26 cent.

91

Beurdelay 571 — **Plat rond :** une jeune femme, se baignant dans une fontaine, s'entretient avec une vieille femme; ce sujet représente peut-être la métamorphose d'Apollon pour séduire Leucothoé.

Bord orné de godrons et de palmettes.

Diam. 28 cent.

105

572 — **Plat** de même forme, sans bord : Jupiter et Junon debout; à leurs pieds, les oiseaux qui sont leurs attributs; un arbre sépare les deux figures.

Diam. 26 cent.

315

Moreau 573 — **Plat ovale :** Orgie de buveurs; à leurs pieds plusieurs porcs se repaissent du superflu de leur digestion.

Ce plat, dont le bord est orné de fleurons et de mascarons, est l'ouvrage des continuateurs de Palissy. Dix-septième siècle.

Diam. 30 cent. sur 25 cent.

43

à Reporter 1,313,903

Report   1,313,903

Dutuit 574 — **Plat ovale** sans bord. Il est formé d'une cavité ovale au centre et d'entrelacs renfermant des palmettes et des fleurons repercés à jour.

Diam. 28 cent. sur 19 cent.   372

St Seine 575 — **Autre Plat** semblable.

Diam. 28 cent. sur 20 cent.   600

Jorjau 576 — **Autre Plat** semblable; le jaune y domine.

Diam. 28 cent. sur 20 cent.   218

Roard 577 — **Plat** de même forme, à bord découpé. La capsule du milieu est entourée de godrons rayonnants séparés par des chaînettes.

Diam. 30 cent. sur 23 cent.   192

Charlet 578 — **Autre Plat** semblable, colorié différemment.

Diam. 32 cent. sur 24 cent.   200

Bardelay 579 — **Petit Plat** rond à bord renversé et découpé. Le centre offre une marguerite autour de laquelle rayonnent trois rangs de godrons sur des feuilles d'acanthe.

Diam. 50 cent.   122

580 — **Autre Plat** semblable, couleur un peu différente.   150

Diam. 21 cent.

à Reporter   1,313,749

581 — Plat rond. Le centre présente une rosace autour de laquelle sont six mascarons humains des deux sexes alternativement diadémés et drapés.

Diam. 29 cent.

582 — Autre Plat de décor analogue.

Diam. 27 cent.

583 — Autre Plat semblable, colorié un peu différemment.

Diam. 26 cent.

584 — Plat rond, à bord renversé.

Le décor se compose de six figures de sirènes tenant des urnes; au centre, des têtes de dauphin semblent boire dans l'onde.

585 — Autre Plat semblable, colorié un peu différemment.

Diam. 25 cent.

586 — Petit Plat de même forme.

Le centre, repercé à jour, présente de grands entrelacs renfermant une rosace autour de laquelle sont six mascarons des deux sexes, drapés et alternés.

Bordure comme les précédents.

Diam. 24 cent.

Report. 1,317,764

587 — Autre Plat semblable, mais à bord lisse.

Diam. 24 cent.

37 c

588 — Plat ovale représentant un jardin à l'italienne sur le devant duquel est une femme assise tenant des fleurs; auprès d'elle, un vase orné de mascarons, rempli de fleurs; en arrière, un paysan est occupé à faucher, et, auprès de lui, deux femmes portent encore des fleurs.

Bord plat, orné d'arabesques alternativement bleues et blanches.

Diam. 34 cent. sur 25 cent.

39 c

589 — Autre Plat semblable.

Diam. 34 cent. sur 26 cent.

40 5

590 — Petit Plat ovale. Le sujet qu'il représente est évidemment inspiré de celui du n° 544, avec quelques différences, dont la principale est que le groupe est tourné du côté opposé et que la femme est à demi drapée au lieu d'être nue.

Diam. 24 cent. sur 17 cent.

92

591 — Plat ovale : il représente l'Automne, sous la figure d'un villageois couronné de raisins et portant des fruits; fond de paysage.

Diam. 28 cent. sur 32 cent.

100

592 — Plat ovale : le Sacrifice d'Abraham; sujet en hauteur; bord orné de godrons.

Diam. 30 cent. sur 26 cent.

65

à Reporter 1,319,186

593 — **Autre Plat** semblable.

Diam. 30 cent. sur 26 cent.

594 — **Plat ovale** : le Baptême de Jésus-Christ par saint
Jean ; bord semblable au précédent.

595 — **Petit Plat ovale** à bordure renversée et découpée.
Il présente un écu d'armoiries surmonté d'un chapeau d'évêque et une devise.

Diam. 26 cent. sur 22 cent.

596 — **Autre Plat** de mêmes forme et grandeur ; il contient
également les armes d'un évêque et une devise.

Diam. 22. cent. sur 26 cent.

597 — **Petit Plat rond** : il offre au centre une cavité
hexagonale entourée de six capsules reliées par des
entrelacs et des cartouchages à jour.
Modèle rare.

Diam. 22 cent.

598 — **Petit Plat** de même forme : le centre est entouré
de festons réguliers, alternant avec des fleurons ; en
dehors de cet ouvrage, qui est repercé à jour, règne
une cordelière à nœuds.

Diam. 20 cent.

Report   1,320,375

Vancingh

599 — Autre Plat rond sans bord : l'ornementation se compose de palmettes renfermées dans des entrelacs de style mauresque d'un léger relief.

Diam. 23 cent.

470

Monheim

600 — Autre Plat de mêmes forme et grandeur, d'ornementation presque pareille.

Diam. 24 cent.

1100

Guillard

601 — Plat ovale : le Sacrifice d'Abraham.

Diam. 30 cent. sur 25 cent.

180

Couvreur

602 — Plat ovale, connu sous le nom de la Belle jardinière.

Diam. 33 cent. sur 26 cent.

380

603 — Plat à bordure renversée et découpée : il présente un écu d'armoiries surmonté d'un chapeau de cardinal et une devise.

Diam. 27 cent. sur 22 cent.

Couteau

604 — Grand Plat ovale, sujet en hauteur : le Baptême de Jésus-Christ par saint Jean; au-dessus du sujet, le Saint-Esprit et des Anges.

Le bord, rustiqué, est garni de coquillages et de reptiles.

Ce grand plat est très-rare.

Diam. 50 cent. sur 37 cent.

490

Roussel

605 — Plat ovale avec écusson et armoiries d'un cardinal.

Diam. 22 cent. sur 26 cent.

160

à Reporter   1,323,155

606 — **Plat** sans bord, représentant Persée et Andromède.

Diam. 32 cent.

607 — **Plat ovale** à capsules, avec fleurons découpés à jour.

Diam. 31 cent. sur 23 cent.

608 — **Plat ovale** : Jupiter et Calisto; sans bordure.

Diam. 29 cent. sur 17 cent.

609 — **Autre petit Plat** semblable, avec bordure.

Haut. 26 cent. sur 22 cent.

610 — **Coupe basse** forme de nacelle, avec anse et base, désignée ordinairement sous le nom de saucière.

Le fond est occupé par une figure de fleuve nu, barbu et chauve, baignant dans ses ondes; il tient un trident et s'appuie sur son urne; sur les bords sont des dauphins se jouant au milieu des roseaux.

Long. 27 cent. sur 18 cent.

611 — **Autre Coupe** de forme plus petite et sans anse.

Le fond présente une Nymphe également nue, tenant, de la main droite, une corne d'abondance, et de la gauche une urne; le reste pareil à la précédente.

Long. 20 cent. Larg. 11 cent.

612 — **Autre Coupe** semblable.

613 — Autre Coupe de même forme.

A l'intérieur, deux figures à peu près nues, Bacchus et Flore, se tenant embrassés.

Le bord du vase est découpé à festons remplis par des palmettes.

Long. 20 cent. Larg. 12 cent.

614 — Autre pareille. — —

615 — Salière en forme d'autel antique ; les quatre angles sont ornés de cariatides de femmes disposées en consoles : entre deux sont des chutes de fruits. La corniche est ornée de quatre mascarons.

Haut. 14 cent. Larg. 11 cent.

616 — Autre Salière ovale, formée de deux Sirènes ailées et adossées, avec mascarons entre deux ; le tout émaillé de couleurs diverses.

Cette composition, évidée à jour, porte une capsule jaspée et ornée de godrons.

617 — Autre pareille, complément de la précédente.

Ces charmantes salières, l'un des ouvrages les plus heureux du maître, sont le seul spécimen connu de ce modèle jusqu'à présent.

Larg. 12 cent. sur 9 cent.

618 — Porte-lumière destiné à être fixé au mur.

Sa forme est celle d'un médaillon ovale avec console à la base, présentant le buste d'un jeune homme imberbe, vêtu d'une souquenille à manches ouvertes et d'un pourpoint de couleurs différentes.

Haut. 35 cent. Larg. 22 cent.

619 — **Autre Porte-lumière** semblable, complément du précédent.

620 — **Porte-lumière** représentant un chérubin tenant la bobèche de ses deux mains, et dont les ailes éployées viennent se réunir au-dessus de sa tête.

621 — **Autre** semblable.

Diam. 34 cent. sur 24 cent.

622 — **Grand Bas-relief ovale** représentant le Baptême de Jésus-Christ par saint Jean; plusieurs anges, en pied, assistent à cette scène.

Diam. 35 cent. sur 26 cent.

622 *bis* — **Autre Bas-relief** semblable.

623 — **Groupe** représentant un jeune garçon coiffé d'une toque et vêtu d'une cotte hardie, emportant, dans le pan de son vêtement, les petits d'une chienne qui le poursuit et mord l'autre pan de sa robe.

Haut. 26 cent. Larg. 27 cent.

624 — **Autre Groupe** semblable.

625 — **Jeune Paysanne** assise allaitant un enfant.
Cette figure, l'une des plus estimées du maître, est connue sous le nom de la *Nourrice*.

Haut. 23 cent.

626 — **Statuette** : Mercure nu, debout, coiffé du pétase et jouant de la flûte ; il repose sur un socle en encorbellement porté par trois dauphins.

Haut. 46 cent.

627 — **Autre Statuette.** Elle représente un joueur de vielle, dans le costume des gens du peuple au milieu du seizième siècle. Base pareille à la précédente.

Haut. 39 cent.

628 — **Autre Statuette** représentant un jeune joueur de cornemuse ; il est vêtu du costume emprunté des Suisses au seizième siècle, et s'appuie contre un tronc d'arbre.

Haut. 27 cent.

629 — **Autre Joueur de cornemuse,** vêtu à peu près de même et assis sur un tertre de gazon.

Haut. 10 cent.

630 — **Autre Statuette** : Jeune homme nu, coiffé d'une toque et battant du tambour.

Haut. 24 cent.

631 — **Autre Statuette :** Joueur de tambour de basque. Il est debout, la tête couverte d'une sorte de casque, et vêtu du costume des paysans flamands.

Haut. 27 cent.

632 — **Statuette** représentant un paysan.

Haut. 17 cent.

633 — **Statuette** représentant une paysanne.

Haut. 17 cent.

634 — **Statuette :** La Religion.

Haut. 21 cent.

635 — **Statuette** semblable.

Haut. 22 cent.

636 — **Statuette :** Sirène sonnant d'une conque.

Haut. 12 cent.

637 — **Dauphin** posé en hauteur et de très-belle forme, destiné à servir d'ornement à une fontaine.

Haut. 81 cent.

638 — **Autre pièce** ayant eu la même destination.
Elle représente un dieu marin, barbu, monté sur un cheval marin.

Haut. 29 cent.

Report 1,339,218

639 — **Petit Groupe** représentant l'Amour sur un dauphin; cette figure est d'un bel émail et finement moulée.
Haut. 9 cent. Larg. 10 cent.

640 — **Figure d'enfant** à demi couché sur un plan incliné.
Haut. 11 cent.

641 — **Statuette :** La Foi.
Haut. 20 cent.

642 — **Groupe** pareil à ceux des nᵒˢ 623 et 624.
Haut. 23 cent.

643 — **Statuette :** La Nourrice; semblable au nᵒ 625.
Haut. 23 cent.

644 — **Petite Statuette :** Le Joueur de musette.
Haut. 16 cent.

645 — **Plat ovale :** La Décollation de saint Jean; bordure ornée de godrons et de feuillages.
Diam. 29 cent. sur 22 cent.

646 — **Statuette de Vielleur,** debout, dans le même costume que celui du nᵒ 627, mais sans piédestal.

647 — **Statuette :** Jeune garçon battant du tambour.
Haut. 26 cent.

à Reporter 1,341,464

648 — **Groupe :** La Fuite en Egypte.

Haut. 16 cent. Larg. 19 cent.

649 — **Petit Plat** rond à godrons rayonnant.

Diam. 22 cent.

650 — **Plat rond :** Mars et Vénus assis sur un lit de repos; auprès d'eux, l'Amour.

Le bord est orné d'entrelacs et de fleurs.

Diam. 26 cent.

TERRE DE PIPE

MOULÉE ET NIELLÉE DE BRUN, DITE POTERIE DE HENRI II

Fabrique dont le nom n'est pas connu, mais française.

651 — **Salière** de plan hexagonal dont les angles sont flanqués de colonnettes cannelées reposant sur des mufles de lion qui décorent le soubassement, et entre lesquelles sont des bustes et des guirlandes. Dans les panneaux qui séparent les colonnes sont des baies carrées et entourées de fines niellures. Ces baies, percées à jour, laissent voir, dans l'intérieur du fût de la salière, trois petites figurines de ronde bosse adossées les unes contre les autres.

Le replat supérieur du monument porte une cap-

11

sule au centre de laquelle sont les *croissants mal
ordonnés* de la devise de Henri II, entourés d'une
couronne de feuillage.

Haut. 10 cent. Diam. 8 cent.

652 — **Drageoir ovale** en forme de vasque avec couvercle.

Le corps de la coupe, divisé en compartiments par
une côte saillante évidée encore dans le style gothique, est niellé de mauresques et surmonté d'une
frise de même style; le socle, composé de plusieurs
moulures, est également décoré de niellures. Un
mascaron de lion, supporté par une console détachée, orne les deux extrémités du vase, et quatre
petites appliques, de même genre, ornent la frise. A
l'intérieur sont les armes de France, renfermées dans
un cartouchage également en *niellure*.

Le couvercle, décoré de même que le corps de la
coupe, est surmonté d'un socle portant un lion
couché, de deux grenouilles, de deux mascarons
d'hommes disposés en console et de deux mufles de
lion, le tout de ronde bosse; l'intérieur de ce couvercle contient une niellure représentant un buste
de femme coiffé d'un escoffion.

Haut. 16 cent. sur 12 cent.

POTERIE D'AVIGNON

Mannheim 653 — **Aiguière** de belle forme, émaillée de brun rouge.
Commencement du dix-septième siècle.

Haut. 32 cent.

355

654 — **Grand Flacon** ou bouteille aplatie, bouchant à
vis, travaillée en façon de vannerie et à jour.

Haut. 31 cent. Larg. 20 cent.

76

POTERIE DE BEAUVAIS

Dubouchet 655 — **Plat rond**, émaillé de vert; l'ornementation, qui se
compose d'écussons des armoiries de diverses pro-
vinces de France, entremêlés des emblèmes de la
Passion, est en relief. Une inscription gothique qui
entoure le tout présente ces mots : *O vos omnes qui
transitis per viam, attendite et videte si ei dolor si-
milis sicut dolor meus. Pax vobis.*

Fait en décembre 1511.

Diam. 26 cent.

300

656 — **Autre Plat** semblable.

Malinet

Diam. 27 cent.

203

POTERIE EN GRÈS

DE FLANDRE ET D'ALLEMAGNE

657 — **Grande Canette**, de forme cylindrique, en grès imprimé et émaillé de brun ; elle est décorée d'une figure de femme debout avec ces mots : *De Gedult* (la Patience). Cette figure est répétée trois fois. Seizième siècle.

Haut. 29 cent.

658 — **Aiguière** ou **Canette à bronçou** (tuyau pour verser) en grès gris en partie émaillé de bleu. La panse, de forme à peu près sphérique, est ornée de cannelures, d'impressions et d'un tore saillant. Le col du vase est entouré de cariatides et de bustes ; le bronçon moulé à riches ornements de style renaissance et maintenu par un S qui présente d'un côté les initiales J. M., et de l'autre la date de 1592.

Haut. 25 cent.

659 — **Grande Canette** ou **Aiguière sans bronçou.** La frise qui décore la panse offre une marche triomphale de cavaliers, dont l'inscription flamande, située au-dessus et portant la date de 1617, explique le sujet ; le col est orné d'une riche frise renfermant des bustes et des mascarons.

Haut. 25 cent.

660 — **Autre grande Canette** en forme de gourde circulaire, avec ouverture au centre, en grès de couleur grise, émaillé de bleu et de violet.

La panse est ornée de moulages représentant des mufles de lion, de mascarons et d'impressions à fers.

Dix-septième siècle.

Haut. 43 cent. Diam. 24 cent.

POTERIES ITALIENNES

661 — **Grand Plat** peu concave, légèrement évasé et sans bord ; le fond, très-étroit, porte un écu tracé en jaune cuivré sur fond blanc, lequel est parti à dextre de France au chef cousu d'un rais et burelé à senestre.

Le bord est décoré de deux zones de caractères visiblement imités de l'arabe, en couleur cuivrée sur fond bleu et blanc, entrecoupés de cartouches de même ; au revers un grand aigle aux ailes éployées.

Quinzième siècle.

Diam. 25 cent.

662 — **Autre Plat** de même forme ; le fond présente un griffon rampant, exécuté en bleu rehaussé de couleur cuivrée, qui occupe toute l'étendue du plat. Le fond blanc, semé de rinceaux cuivrés, est entouré

d'une bordure de caractères de caprice qui n'offrent pas de sens.

Quinzième siècle.

Diam. 48 cent.

663 — **Autre Plat** de même forme avec ombilic. Sur l'ombilic, un petit bœuf jaune cuivreux; autour, un décor de même couleur en style hispano-arabe. Le bord est orné de losanges séparés par un V hébraïque en relief.

Même époque.

Diam. 48 cent.

664 — **Grand Plat** creux, à bord incliné. Décor arabe de cartouches et inscriptions bleus, sur fond diapré de fleurs en jaune cuivreux ; au revers, un grand bœuf de cette dernière couleur.

Même époque.

Diam. 45 cent.

665 — **Grand Plat**. Décor de fleurs en bleu et jaune métallique, avec armoiries au centre ; au revers, décor analogue.

Diam. 46 cent.

666 — **Autre Plat** semblable.

Diam. 46 cent.

667 — **Grand Plat** creux, à rebord plat; au fond, saint Georges combattant le monstre.

Bord orné de palmettes et de fonds imbriqués à

écailles. Le dessin de ce plat est exécuté en jaune métallique rechampi de bleu.

Fabrique dite de Pesaro, du commencement du seizième siècle.

Diam. 40 cent.

668 — **Autre Plat** de mêmes genre et couleur. Au fond, deux cavaliers combattant vêtus à l'antique. Le bord est orné de feuillages.

Mêmes fabrique et époque.

Diam. 40 cent.

669 — **Autre Plat** de même. Au fond, un grand écu de forme italienne, d'azur à la fasce d'or et une devise ; autour, deux cornes d'abondance et des rinceaux s'étendant jusque sur les bords.

Mêmes fabrique et époque.

Diam. 40 cent.

670 — **Autre de même.** Au fond, un écu de forme différente, mais blasonné de même ; palmettes et écailles sur le bord du plat.

Idem.

Diam. 42 cent.

671 — **Autre Plat** de même forme. Le fond présente le buste d'une jeune fille élégamment vêtue à la manière italienne du temps ; sur une banderole dont les contours remplissent le champ, on lit : *Chi biene* *guida sua barcha arriva sempre in porto.* Le fond est imbriqué.

Ce beau plat est remarquable par l'éclat et le chatoiement des couleurs pourpre, or et azur nacrés dont il est nuancé.

Mêmes fabrique et époque.

Diam. 40 cent.

672 — Grand Plat de mêmes forme et qualité.

Le fond représente le buste d'un religieux en prière; le bord est orné de palmettes et d'imbrications.

Mêmes fabrique et époque.

Diam. 42 cent.

673 — Autre Plat de même.

Il représente l'apôtre saint Paul, également en buste; le bord imbriqué et chatonné.

Mêmes fabrique et époque.

Diam. 37 cent.

674 — Plat de moyenne grandeur; sur l'ombilic, l'Agneau symbolique. La bordure est ornée d'imbrications; le tout en jaune chatoyant rechampi de bleu.

Mêmes fabrique et époque.

Diam. 33 cent.

Garau 675 — **Grand Plat** creux à rebords plats.

Le fond représente une Pietà (Jésus mort descendu de la croix et étendu sur les genoux de sa mère) ; à droite, saint Jean ; à gauche, la Madeleine. Le bord est orné de rinceaux bleus sur fond orangé.

Fabrique de Faenza ; commencement du seizième siècle.

Diam. 42 cent.

Arondel 676 — **Grand Plat,** peu concave, légèrement évasé et sans bord.

Le centre porte les armes du pape Léon X, surmontées de la tiare et des clefs de saint Pierre en sautoir. Une multitude d'anges, qui occupent le reste du fond, soutiennent des attributs ou jouent de divers instruments.

Le trait et les ombres du dessin sont bleus sur émail blanc ; les armes sont au naturel ; le fond est bleu semé d'étoiles jaunes.

Ce beau plat est encore de la même fabrique.

Diam. 45 cent.

Chopos 677 — **Plat** de même forme, sans évasement.

Il représente le Christ sortant à mi-corps du sépulcre ; à droite et à gauche, la Vierge et la Madeleine.

Les figures sont émaillées au naturel sur fond gros bleu.

Mêmes fabrique et époque.

Diam. 36 cent.

678 — Petit Plat creux, sans bord.

Au centre, un buste en grisaille ; dans le reste du champ sont des rinceaux de feuilles de chêne en jaune sur fond bleu.

Fabrique de Faenza ou de Castel-Durante ; milieu du seizième siècle.

Diam. 23 cent.

679 — Grand Plat creux à large bord plat.

Au fond, un écu d'azur chapé d'or, au chef d'or chargé d'un aigle issant de sable. Le bord est décoré de trophées d'armes peints en jaune métallique et bleu.

On trouve au revers les initiales : M°... G°.., qui sont celles du nom de *Giorgio Andreoli* de Gubbio.

Premier tiers du seizième siècle.

Collection Debruge, n° 1442.

Diam. 39 cent.

680 — Autre Plat de même forme, un peu moins grand.

Au centre, les mêmes armes. Le fond est orné de rinceaux jaunes à reflets verts, le tout rehaussé de rouge à reflets métalliques.

Même maître, avec date de 1524.

Collection Debruge, n° 1443.

Diam. 35 cent.

Report   1,369,206

681 — Autre Plat, plus petit.

Mannheim   Au centre, une licorne rampante d'or sur un écu d'azur. Le bord est orné de bouquets, de cornes d'abondance et de dauphins, des mêmes couleurs.

Même fabrique.

Collection Debruge, n° 1443.

Diam. 30 cent.

760

682 — Petit Plat de même forme.

Au centre, l'Amour appuyé sur un carquois; le bord est orné de palmettes de pourpre et de jaune à reflets, sur fond bleu.

Même fabrique.

Diam. 28 cent.

735

Guillard   **683 — Plat** de même forme et de grandeur à peu près pareille.

Même décor que le précédent, à l'exception que les palmettes n'ont pas de jaune. Il porte les initiales de G. Andréoli et la date de 1528.

Diam. 26 cent.

300

684 — Petit Plat du même genre.

Au centre, une palmette. Le bord est orné de rinceaux; le tout, de rouge mal réussi, sur fond bleu.

Même fabrique.

Diam. 25 cent,

30

à Reporter   1,371,031

685 — Petit Plat de même forme.

Au centre, la lettre A ; bords ornés de rayons jaunes avec fleurs pourpres, le tout chatoyant.
Même fabrique.

686 — Autre petit Plat.

Au centre, l'Amour ; le bord est orné de vases et palmettes de jaune chatoyant ombrés de rouge cinabre ; au revers, un signe non connu.
Fabrique analogue.

Diam. 23 cent.

687 — Petit Plat.

Au centre, l'Amour, les bras liés derrière lui. Le bord est orné d'arabesques en rouge sur fond bleu.
Même fabrique.

Diam. 22 cent.

688 — Aiguière avec bassin.

Elle est de forme antique, décorée de grotesques et de camées très-finement peints en couleur sur fond blanc ; l'anse, très-élégante, repose sur un masque de lion en relief.

Le bassin, de forme circulaire, présente au centre un ombilic rempli par un camaïeu représentant Jésus et la Samaritaine. Le reste du bassin est décoré comme l'aiguière.

Fabrique d'Urbin ; milieu du seizième siècle, la meilleure époque de ce genre de décor.
Cat. Debruge, nᵒˢ 1155 et 1156.

Diam. du plat 41 cent.

689 — Autre Aiguière avec bassin.

Arondel

L'aiguière, de forme compliquée, présente dans sa panse trois zones superposées et séparées par des moulures saillantes ; ces zones sont décorées de frises de grotesques. Le goulot, décoré de même, est encore enrichi de bustes et de consoles en relief. Le bec de l'aiguière, d'ornementation semblable, repose sur une cariatide ailée, et l'anse, formée de deux tiges, se bifurque à sa base pour reposer sur deux mascarons.

690 — Le Bassin, qui est rond, porte un ombilic armorié d'azur à deux dragons affrontés à la fasce componée de même, brochant sur le tout ; le reste du bassin est décoré comme l'aiguière.

Même fabrique.

Haut. de l'aiguière 39 cent. Diam. du plat 46 cent.

691 — Aiguière seule, de forme antique, avec mascarons en relief, à la retombée de l'anse ; sur la panse, un Triton entouré d'autres divinités de la mer enlève une Néréide.

Cette peinture, fort belle, est tirée des dessins du cavalier Josépin.

Même fabrique.

Collection Debruge, n° 1148.

Haut. 35 cent.

Report 1,389,096

Demahy

692 — Grand Vase de forme ovoïde, à deux anses formées
d'un double serpent, et base de plan triangulaire
sous le pied du vase. Sur la panse est représentée
d'un côté le triomphe de Galathée, et sur l'autre,
l'enlèvement d'une Nymphe par un Triton.

Ces compositions sont aussi tirées des dessins du
cavalier Josépin.

Mêmes fabrique et époque.   *Restauré*

Haut. 62 cent.   *2400*

Sommers

693 — Deux grands Flacons pyriformes, à panse aplatie, supportée par un piédouche.

Les deux faces de ces vases présentent chacune un
sujet tiré de la Fable; les anses sont formées par des
branchages enroulés; le fond général du flacon est
bleu; le bouchon est à vis.

Mêmes fabrique et époque.

Haut. 37 cent.   *2000*

Munhüm **694 — Grand Seau à rafraîchir**, de forme ovale, avec
piédouche.

L'intérieur présente la naissance de Vénus. Nep-
tune, Amphitrite et les autres divinités de la mer
entourent la déesse.

Le dehors représente le Triomphe de Bacchus.

Mêmes fabrique et époque.

Collection Debruge, n° 1451.   *3000*

Haut. 26 cent. Diam. 50 cent. sur 39 cent.

à Reporter 1,389,496

Report 1,389,496

695 — **Autre Seau** à rafraîchir de mêmes forme et grandeur. A l'intérieur, le Passage de la mer Rouge. A l'extérieur, Moïse frappant le rocher, et autres scènes tirées de la Genèse.

Par le même artiste que le précédent.

Ces deux pièces aussi belles qu'importantes proviennent de la Collection Debruge, n° 1152 du Cat.

3500

696 — **Grand Vase à fleurs**, en forme de cône galbé et de plan hexagonal.

Chaque angle du vase est flanqué d'une cariatide en console, de ronde bosse, au-dessus de laquelle est la figure de l'Amour, à cheval sur un mascaron saillant.

Les six faces renfermées entre ces cariatides sont décorées de grotesques.

L'ensemble du vase repose sur trois têtes grimaçantes portées sur une base du même plan que le vase.

Même fabrique.

Haut. 30 cent. Diam. 25 cent sur 22 cent.

1150

697 — **Plat creux**. Métabus, roi des Volsques, lançant sa fille au delà du fleuve Amasenus, après l'avoir liée au bois de sa javeline.

Diam. 27 cent.

2900

698 — **Autre Plat** semblable.

La mort d'Héro et Léandre.

Ces deux beaux plats, ouvrage de Francesco

a Reporté 1,397,046

· Xanto et portant sa signature, sont encore remarquables par les tons de jaune et de pourpre à reflets dont ils sont rehaussés, et qu'on trouve si rarement dans les poteries d'Urbin.

Cabinet Debruge, n°s 1145 et 1146.

Diam. 27 cent.

699 — **Petit Plat** de même forme.

Au centre, des trophées, sur fond jaune à reflets le bord orné d'arabesques en jaune sur fond bleu.

Ce plat, du même artiste, est daté de 1544.

Diam. 26 cent.

700 — **Plat** de même forme.

L'ange exterminateur, à la prière d'Ézéchias, disperse l'armée de Sennachérib ; sur le bord, et en haut, sont les armes d'un cardinal : d'argent à la croix engrêlée de gueules. (Date de 1551.)

Fabrique d'Urbin.

Diam. 36 cent.

701 — **Grandes Assiettes** à centre creux et larges rebords, présentant les sujets suivants :

L'Amour et sa mère auprès de Vulcain forgeant des traits.

Diam. 25 cent.

702 — L'Amour abandonnant Psyché par suite de son indiscrétion.

Diam. 25 cent.

Manheim 703 — Allégorie de la prise de Rome.

Diam. 25 cent.

Dautresme 704 — La Mort de Procris.

Diam. 25 cent.

Duret 705 — La Chute d'Icare.

Diam. 25 cent.

Bloche 706 — La Dispute d'Apollon et de Marsias.

Diam. 19 cent.

B. Perrée 707 — Un Jeune berger (peut-être Apollon) gardant un bœuf.

Diam. 19 cent.

Bloche 708 — Jeune chasseur décochant un trait sur un sanglier.

Diam. 19 cent.

Toutes ces assiettes, de la fabrique d'Urbin, sont armoriées d'azur à trois croissants mal ordonnés d'argent, qui sont, nous croyons, les armes des Fugger.

Periès 709 — **Petite Assiette.** Jupiter et Léda; au-dessus, un écusson d'argent, parti à dextre de Médicis, et à senestre d'une tête de Maure, qui est des Sforze de Milan.

Même fabrique.

Diam. 19 cent.

12

710 — **Grand Plat rond** avec écusson d'armoiries encadré d'une bordure de chêne.

Le reste du plat est décoré de trophées en grisaille rehaussée de jaune et de rouge à reflets très-
vifs sur fond bleu.

Même fabrique.

Diam. 45 cent.

711 — **Petit Plat rond.** Dans le fond un Amour peint en
grisaille sur fond mordoré.

Le bord, à fond bleu, est décoré d'arabesques
rouges, rehaussées de vert et de blanc.

Fabrique de Gubbio.

Diam. 19 cent.

712 — **Petit Plat** dont le centre est occupé par un écusson
armorié.

Le bord, à fond bleu, est décoré de grotesques en
grisaille.

Fabrique de Faenza.

Diam. 25 cent.

713 — **Autre petit Plat** semblable.

Au centre, l'Amour.

Diam. 24 cent.

714 — **Petit Plat.** Saint François en adoration devant la
Croix.

Le bord est décoré de palmettes sur fond orangé.

Fabrique de Faenza.

Diam. 25 cent.

715 — **Petit Plat** à centre creux, présentant une armoirie.

Le bord, qui est large, est décoré d'arabesques avec dauphins et cariatides, de couleurs variées sur fond orange.

Même fabrique.

Diam. 24 cent.

716 — **Plat rond** à ombilic, portant un buste à l'antique en grisaille.

Le reste du plat est décoré d'imbrications en bleu et blanc.

Fabrique dite de Pesaro.

Diam. 32 cent.

717 — **Grand Plat** rond à ombilic : un ange sonnant de la trompette. .

Le reste du plat décoré de grotesques et de camées en couleurs variées, sur fond blanc.

Fabrique d'Urbin.

Diam. 47 cent.

718 — **Petit Plat** représentant un sujet du Nouveau Testament.

Même fabrique.

Diam. 27 cent.

719 — **Autre petit Plat**. Sujet mythologique ; au revers on lit : *Pelleo.*

Fabrique d'Urbin.

Diam. 25 cent.

Report . 1,303,472

719 — **Petit Plat** profond. Au milieu, l'Amour peint en grisaille sur fond bleu.

Le bord orné d'une double frise de feuillages de chêne, entre lesquels sont des arabesques sur fond bleu, avec rehauts de rouge à reflets.

Fabrique de Gubbio.

Diam. 27 cent.

721 — **Petit Plat** de même forme. Le fond offre un trophée en grisaille et le bord est décoré d'arabesques en blanc sur fond gris.

Fabrique d'Urbin.

Diam. 19 cent.

722 — **Plat rond** sans bord. Le fond bleu est décoré de grotesques en jaune. Au revers la date de 1551.

Fabrique de Faenza.

Diam. 24 cent.

723 — **Grand Plat** : Persée et Andromède; le bord, à fond bleu clair, est orné d'entrelacs d'un bleu foncé.

Fabrique de Faenza.

Diam. 36 cent.

724 — **Grand Plat rond**, à fond blanc figuré (sopra bianco). Le centre est occupé par un écusson d'armoiries.

Fabrique de Deruta.

Diam. 40 cent.

a Reporté 1,305,662

725 — **Autre Plat** semblable, même fabrique et même dimension.

726 — **Grand Plat rond** : Parodie de Jupiter et Antiope. Le bord est orné d'imbrications de couleurs variées. Même fabrique.

Diam. 40 cent.

727 — **Grand Plat rond** avec ombilic sur lequel est représenté saint François. Au pourtour sont deux riches bordures d'arabesques sur fond orangé avec cannelures à fond blanc, alternées de palmettes bleues et jaunes.

Fabrique de Faenza.

Diam. 40 cent.

728 — **Petit Plat** à centre profond. Au milieu un lion. Le bord du plat est décoré d'arabesques en blanc sur gris, avec entourages de feuilles de chêne.

Fabrique d'Urbino ou de Castel-Durante.

Diam. 23 cent.

729 — **Autre petit Plat.** Au centre, les armoiries d'un cardinal sur fond bleu. Le bord est orné de grotesques du beau style.

Fabrique d'Urbin.

Diam. 23 cent.

730 — **Vase** avec couvercle, ayant la forme d'une pomme de pin, fond blanc rehaussé de vert et de jaune.

Fabrique de Deruta.

Haut. 25 cent.

731 — **Autre Vase** de mêmes forme et fabrique émaillé de jaune et de rouge à reflets métalliques très-vifs.

Même fabrique.

Haut. 25 cent.

732 — **Cruche** de pharmacie, décorée d'arabesques en grisaille, rehaussée de bleu sur fond rougeâtre ; sur le bronçon est un écusson portant un chiffre qui est répété au-dessous de l'anse.

Fabrique de Pesaro.

Haut. 26 cent.

733 — **Autre Cruche** semblable.

Même hauteur.

734 — **Plat creux** à bosselages. Au milieu, une Bonne Foi et un cœur percé de flèches. La bordure est ornée de fruits et de mascarons ; le tout émaillé des plus vives couleurs rouge et mordoré à reflets métalliques.

Fabrique de Deruta.

Diam. 26 cent.

735 — **Petit Plat.** Au centre une armoirie.

Le bord est orné de palmettes en bleu sur fond blanc.

Fabrique de Faenza.

Diam. 23 cent.

736 — **Petit Plat** : Au centre, l'Amour tenant un livre ouvert.

Le bord est décoré de trophées en grisaille sur fond bleu, avec monogramme.

Fabrique d'Urbin.   Diam. 24 cent.

736 *bis* — **Petit Plat** de même fabrique, avec buste de sainte.

737 — **Petit Plat creux** : La Marche de Silène.

Fabrique d'Urbin.   Diam. 23 cent.

737 *bis* — **Petit Plat** de même fabrique : Le Jugement de Pâris.

738 — **Plat à ombilic** sur lequel est un écusson d'armoiries surmontées du chapeau de cardinal.

Le bord et le reste du plat sont décorés d'entre-lacs.

Fabrique de Deruta.   Diam. 33 cent.

739 — **Petit Plat** à fond bleu décoré de grotesques en grisaille ; au milieu une armoirie.

Fabrique de Faenza.   Diam. 24 cent.

740 — **Grand Plat** : Marche triomphale de l'empereur Aurélien à son retour de l'expédition de Palmyre.

Au revers on lit : *Zanobia Jubieta Aureliano imperatore insieme con li Figli. Fatto in Pesaro 1552.*

— 186 —

Ce beau plat, remarquable à plus d'un titre, tire un grand intérêt de cette marque de fabrique qui se voit très-rarement, bien qu'en dise Passeri, qui voudrait attribuer toutes les faïences d'Italie à la fabrique de Pesaro, sa patrie.

Diam. 43 cent.

420

741 — **Petit Plat** profond : Le Petit saint Jean agenouillé.

Le bord est décoré d'arabesques en couleurs variées sur fond bleu, du plus bel effet.

Fabrique de Faenza.

Diam. 26 cent.

200

742 — **Autre Plat** de même forme, à fond bleu avec arabesques en grisaille ; au fond une armoirie.

Même fabrique.

Diam. 24 cent.

160

743 — **Autre Plat** semblable. Au milieu une armoirie avec la date de 1519.

Diam. 25 cent.

385

744 — **Grand Plat** : La Mort de Virginie.

Au bas de ce plat on lit : *Virginea romana ;* au revers la date de 1556.

Fabrique d'Urbin.

Diam. 43 cent.

215

745 — **Grand Plat** : Le Jugement de Pâris. Belle peinture rehaussée de rouge à reflets métalliques.

Le bord est orné de rinceaux dessinés en blanc

sur fond gris; dans le champ est un écusson armorié.

Par Francesco Xanto, dans la fabrique d'Urbin.

Diam. 40 cent.

746 — **Petit Plat** : Loth et ses filles.

Fabrique d'Urbin.

Diam. 40 cent.

747 — **Plat rond** avec ombilic sur lequel est une armoirie et le mot : *Viva.*

Le reste du plat est décoré d'arabesques en couleurs variées sur fond blanc.

Fabrique de Pesaro.

Diam. 32 cent.

748 — **Grand Plat** : Buste de femme avec banderole portant une inscription.

Le bord est orné d'arabesques et d'imbrications en plusieurs couleurs.

Fabrique de Deruta.

Diam. 37 cent.

748 *bis* — **Grand Plat** de même fabrique : Le Char de l'Amour.

749 — **Petit Plat** à fond bleu, décoré d'arabesques en grisaille; au milieu le buste d'une sainte.

Fabrique de Faenza.

Diam. 23 cent.

Report   1,312,839

Couteau   750 — **Plat creux** à bosselages. Au milieu un aigle ; bel émail mordoré à reflets vifs.

Fabrique de Gubbio.

Diam. 24 cent.   *190*

Bloche   750 *bis* — **Plat creux** ; belle peinture représentant la Mise au Tombeau.

Fabrique d'Urbino.

195

Roussel   751 — **Plat rond** : Diane et Actéon ; au-dessus du sujet, un écusson d'armoiries.

Fabrique d'Urbino.

Diam. 25 cent.   *300*

Evans   751 *bis* — **Plat creux** festonné de même fabrique ; sujet biblique.

270

Dejean   752 — **Coupe** à cannelures ondulées, à fond alterné bleu et orangé, décoré de feuillages en grisaille. Au centre, un médaillon présentant une femme drapée.

Fabrique de Castel-Durante.

Diam. 28 cent.   *270*

Id   753 — **Autre Coupe** de mêmes forme et fabrique, à fond noir, décoré de feuillages blancs.

Diam. 27 cent.   *225*

Sublière   754 — **Plat rond** décoré d'arabesques en grisaille sur fond bleu ; au milieu un buste d'homme coiffé à l'orientale.

Fabrique de Faenza.

Diam. 29 cent.   *90*

Id   754 *bis* — **Autre Plat** semblable. Au milieu une armoirie.   *360*

à Reporter   1,314,739

755 — **Plat** à ombilic, portant le monogramme du Christ ; le reste du plat est décoré de fleurs et d'imbrications de jaune à reflets avec rehauts de bleu.

Fabrique de Deruta.

Diam. 32 cent.

756 — **Coupe** à bosselages. Au milieu, le Petit saint Jean ; décors à reflets rouges très-vifs.

Fabrique de Gubbio.

Diam. 20 cent.

756 *bis* — **Petit Plat** profond, décoré d'imbrications à reflets rouges.

Même fabrique.

Diam. 22 cent.

757 — **Plat** avec fond décoré de trophées en grisaille.

Fabrique d'Urbin.

Diam. 22 cent.

758 — **Petit Plat** représentant Saint Jean.

Fabrique de Faenza.

Diam. 21 cent.

759 — **Grands Plats** (deux) à rebord aplati en terre émaillée de couleur bronze.

Dans l'ombilic, un écusson d'armes, et autour la devise : SIA LAVDATO IL SANTISSIMO SACRAMENTO. Cette inscription est à rebours. Le reste du plat, ainsi que le bord, est rempli par de riches arabesques, le tout en relief.

Fabrique italienne rare et encore inconnue.

Le revers de l'un de ses plats présente l'écusson de France, et autour cette inscription : DV CHASTEAV DE FONTAINEBLEAV.

Diam. 48 cent.

760 — **Statuette** représentant saint Georges à cheval et combattant le monstre; le cheval, richement caparaçonné, est chargé d'ornements gravés sur engobe et émaillés de jaune et de vert; le socle formant écritoire.

Pièce rare du quinzième siècle.

Haut. 32 cent. Larg. 25 cent.

761 — **Grand Plat** également gravé sur engobe représentant un lion assis.

Diam. 41 cent.

762 — **Grand Plat** à reflets, représentant un cavalier. Fabrique de Deruta.

Diam. 40 cent.

763 — **Autre Plat** de même fabrique : Persée et Andromède.

Diam. 40 cent.

764 — **Plat** à ombilic, décors bleus avec rehauts de jaune cuivré.

Diam. 39 cent.

765 — **Autre Plat** semblable.

766 — **Belle Salière** décorée d'arabesques jaunes sur fond blanc, dont le centre offre la forme d'un navire, dont les deux extrémités, ornées de mascarons en relief, se terminent par des enroulements au-dessus desquels sont placées quatre figures de génies supportant la coupe destinée à recevoir le sel, au fond de laquelle se voit un écusson d'armoiries ; le tout supporté par quatre figures de femme.

Catalogue Visconti, nº 20.

Fabrique d'Urbin.

Haut. 23 cent.

SCULPTURES MOULÉES EN POTERIES

DE LUCCA DELLA ROBBIA

767 — **Bas-relief** circulaire représentant la Vierge assise ; autour un cercle de chérubins.

Ce bas-relief, colorié au naturel sur fond bleu clair, est entouré d'un cadre ou guirlande de fruits et de feuilles alternés de diverses espèces, également émaillé au naturel.

Bel ouvrage de la fin du quinzième siècle.

Diam. 73 cent.

768 — **Bas-relief** de même genre; figures émaillées de blanc sur fond bleu.

La Vierge, agenouillée et les mains jointes, adore son divin Fils; près d'elle le petit saint Jean.

Composition imitée de Ghirlandajo.

Diam. 58 cent.

769 — **Autre Bas-relief** de même forme.

Le champ, de couleur bleue, est rempli par le monogramme du Christ dont la lettre H, hastée en forme de croix, porte les clous de la passion. Ce chiffre est émaillé de jaune vif; autour une bordure d'oves.

L'encadrement, qui est de haut relief, est analogue au précédent.

Diam. 53 cent.

770 — **Bas-relief** de même forme.

Il présente un écusson d'armes de forme échancrée, émaillé d'azur à la bande de France orlée d'argent. Cet écu est timbré d'un armet de joute en profil, avec cimier d'une colombe à queue de serpent et riche lambrequin émaillé de blanc, de bleu et de jaune flottant sur fond de porphyre.

Diam. 58 cent.

771 — **Autre Bas-relief** de même forme.

Il présente un écu de forme analogue et saillante, émaillé d'azur à deux couronnes de laurier, une en chef et l'autre en pointe, émaillées au naturel, chargées d'une quintefeuille d'argent et liée du même, à la bande de sinople orlée d'argent et chargée de trois montagnes d'or, brochant sur le tout ; pour cimier une mitre d'archevêque.

Diam. 66 cent.

772 — Autre Bas-relief : Buste de saint Jean vu de face et émaillé de blanc sur fond bleu.

Bordure de fruits et de feuillages.

Diam. 55 cent.

773 — Autre présentant un écusson armorié, sur fond à cannelures rayonnantes.

Bordure de fruits et de fleurs.

Diam. 60 cent.

774 — Autre à peu près semblable.

Bordure de fruits et de fleurs.

Diam. 80 cent.

775 — Autre Bas-relief d'armoiries à peu près semblable.

Bordure de fruits.

Diam. 86 cent.

776 — Statuette représentant un jeune paysan assis, jouant de la musette.

Haut. 30 cent.

VAISSELLE DE VERRE

FABRIQUE VÉNITIENNE

777 — **Aiguière** de forme antique très-élégante, à filets blancs tors (*trina*), séparée par un double filet de verre blanc uni.

Catalogue Debruge, n° 1290.

Haut. 30 cent.

778 — **Aiguière** de mêmes forme et travail, mais soufflée de bossages à godrons et pointes de diamants ; au bas de l'anse, un mascaron de lion.

Cette belle aiguière est d'un travail très-fin.

Catalogue Debruge, n° 1292.

Haut. 28 cent.

779 — **Aiguière** de mêmes forme et travail ; autour de la panse, des panthères en bossages et au-dessus des godrons.

Catalogue Debruge, n° 1291.

Haut. 26 cent.

780 — **Autre Aiguière** de même forme, verre incolore et sans travail de filets, mais soufflée à bossages de dragons et de godrons.

Catalogue Debruge, n° 1229.

Haut. 25 cent.

781 — **Autre Aiguière** de même forme ; verre à filets blancs tors, mais sans bossages. Le col est en forme de trèfle et l'anse repose sur un mascaron.

Haut. 26 cent.

782 — **Buire** de verre incolore avec anse bleue. La panse est émaillée de rinceaux en riches couleurs convergeant vers un médaillon placé sur le devant du vase, qui représente un jeune page enfourchant un animal fantastique.

Le reste est décoré d'imbrications dorées avec points d'émail de couleurs.

Catalogue Debruge, n° 1280.

Haut. 23 cent.

783 — **Flacon** à panse aplatie.

Il est décoré d'entrelacs émaillés de diverses couleurs et de cannelures d'émail et d'or; le col offre deux zones d'écailles d'or imbriquées.

Catalogue Debruge, n° 1279.

Haut. 25 cent.

784 — **Burettes** (deux).

Elles sont côtelées et de couleur bleue; le travail du verre est une sorte de mosaïque filée de diverses couleurs; anses et garniture en argent. Cette qualité, désignée en Italie sous le nom de *vettvo fiorito* ou *mille fiori*, est fort rare.

Catalogue Debruge, n°ˢ 1366-67.

13

Report   1,332,644

Roussel

785 — **Autre Burette** de mêmes travail, forme et grandeur, sur fond vert; elle a deux anses.

Diam. 12 cent.   400

D°

786 — **Burettes** (deux) de forme ordinaire et sans piédouche. Travail à deux cannes de filets tors, une de
blanc, l'autre de rose et de blanc; les anses et bron-
çons pris dans la panse.

Diam. 12 cent.   599

Sullière

787 — **Très-grand Bassin** circulaire à bord renversé,
verre à filets blancs, disposé en mailles concentriques.

Catalogue Debruge, n° 1359.

Diam 52 cent.   385

Thibodeau

788 — **Autre Bassin** de même forme à bord plat; le travail des filets est le même, seulement il renfermé
des bulles d'air dans ses mailles.

Catalogue Debruge, n° 1358.

Diam. 48 cent.   225

Gaillard

789 — **Autres Bassins** (deux) de mêmes forme et qualité.

Diam. de l'un, 48 cent.
Diam. de l'autre, 45 cent.   122

Sullière

790 — **Autre Bassin** de même forme, travail à filets
blancs, tors, séparés par un filet uni.

Diam. 43 cent.   145

a Report   1,334,560

791 — **Autre Bassin** de mêmes forme et couleur, travail
semblable, mais à trois cannes alternées de dessins
différents.

Catalogue Debruge, n° 1308.

Diam. 41 cent.

792 — **Grandes Assiettes** (quatre) de même forme. Elles
sont décorées de trois zones de grotesques gravées à
la pointe de diamant, alternant avec des zones d'or
craquelé, renfermées entre deux filets de verre
blanc.

Diam. 27 cent.

793 — **Petite Assiette** de même forme, dont le bord est
orné d'une zone d'or craquelé et le centre émaillé
de rosaces de diverses couleurs.

Diam. 35 cent.

794 — **Plat** circulaire très-creux, à bord renversé, en forme
de corbeille. Le bord est travaillé de filets blancs
tors et le fond, incolore, laqué au revers de l'histoire d'Hercule et Iole.

Diam. 33 cent.

795 — **Plat** de même forme, verre incolore; le fond, peint
comme le précédent, représente la ronde des Amours,
d'après la gravure de Marc-Antoine ; le bord est
laqué d'une arabesque d'or.

Diam. 29 cent.

796 — **Plat** du même genre, à bord plat; le fond représente la Naissance de Bacchus.

797 — **Plat** du même genre : Junon et Isis.

Diam. 31 cent.

798 — **Très-grand Plat** de même travail, le fond godronné à rayons tournants. Au centre, Dalila livrant Samson aux Philistins, après l'avoir dépouillé de sa chevelure; le bord est orné d'arabesques en couleur sur fond d'or.

Diam. 32 cent.

799 — **Grand Coupon** ou plat creux, à bord évasé, avec piédouche de même forme en verre bleu; il est émaillé de rinceaux de diverses couleurs.

Catalogue Debruge, n° 1284.

Haut. 14 cent. Diam. 23 cent.

800 — **Coupons** (deux) de même forme, verre incolore, avec nervures saillantes disposées en spirales. Le centre est émaillé des armes du pape Léon X; le bord imbriqué d'écailles d'or et rehaussé de pointes d'émail.

Catalogue Debruge, n° 1286.

Diam. 25 cent.

801 — **Autre Coupon** semblable; le centre est émaillé du Lion de Saint-Marc.

Diam. 25 cent.

802 — **Autre Coupon** de même forme en verre uni. Le centre émaillé aux armes de Fugger d'Augsbourg; le bord orné comme les précédents.

Haut. 12 cent. Diam. 21 cent.

803 — **Petite assiette** verre incolore émaillé aux mêmes armes, bord semblable.

Diam. 19 cent.

804 — **Coupon** comme les précédents. Le fond à nervures droites rayonnant du centre, qui est émaillé aux armes d'un doge de Venise; bord pareil aux précédents.

Catalogue Debruge, n° 1285.

Diam. 23 cent.

805 — **Grand Coupon** de même forme avec piédouche. Le fond à nervure en spirale, de verre incolore; les nervures sont dorées ainsi que la bordure et le centre, qui sont, en outre, ornés de points d'émail.

Diam. 29 cent.

806 — **Autre Coupon** de même façon. Le tour est orné d'une imbrication d'écailles d'or rehaussée aussi de points d'émail.

Haut. 14 cent. Diam. 21 cent.

807 — **Grand Coupon** de même forme, à bord godronné. Le travail du verre est de trois cannes de filets blancs tors, disposés en spirale.

Diam. 28 cent.

808 — **Grande Coupe** de forme cylindrique, avec socle élevé et évasé avec nervures saillantes : verre bleu craquelé d'or.

Cette belle et rare coupe est émaillée au pourtour d'une marche triomphale de personnages, parmi lesquels on remarque un chevalier armé dans le goût italien de la seconde moitié du quinzième siècle et coiffé d'une salade.

Collection Debruge, n° 1269.

Haut. 16 cent. Diam. 13 cent.

809 — **Autre Coupe** de même forme, mais plus élevée; verre de couleur vert clair.

Elle est ornée de deux médaillons peints en émail, dont l'un contient un buste d'homme avec devise : *Amor vol fee*; l'autre, un buste de femme.

Ces médaillons sont soutenus par des figures d'Amours et réunis par des guirlandes.

Le pied est également craquelé d'or.

Catalogue Debruge, n° 1274.

Haut. 22 cent. Diam. 11 cent.

810 — **Gobelet** à pied de même genre, dont la coupe, pyriforme, est décorée d'une imbrication d'écailles dorées et de points d'émail; pied à nervures, craquelé d'or.

Haut. 21 cent. Diam. 13 cent.

811 — **Autre Gobelet** de forme à peu près pareille, avec couvercle : verre bleu comme le précédent.

La coupe est dorée de même, mais d'un dessin plus serré ; le pied et le couvercle sont à nervures en spirale et craquelés d'or.

Haut. 33 cent. Diam. 12 cent.

812 — Grande Coupe, forme dite à la Médicis, avec balustre et socle élevé à nervures saillantes; verre incolore.

Elle est décorée d'imbrications d'écailles dorées et rehaussée de points d'émail.

Traces de craquelures d'or.

Catalogue Debruge, n° 1282.

Haut. 27 cent. Diam. 65 cent.

813 — Autre Coupe sur pied élevé, de forme à peu près pareille; verre incolore.

Elle est décorée de rinceaux peints en émail de diverses couleurs.

Catalogue Debruge, n° 1281.

Haut. 13 cent. Diam. 23 cent.

814 — Très-grand Gobelet avec pied. La coupe en forme de cône renversé et évasé; verre incolore.

Le nœud du pied est orné d'un réseau à nervures saillantes avec rosaces au centre des mailles, conservant des traces de dorure. La tige présente plusieurs tores.

Haut. 38 cent. Diam. 16 cent.

Report   1,317,444

815 — **Coupe** avec pied et balustre à bossages soufflé de mufles de lion et de cartouches alternants.

Entre le pied et la coupe, sont trois consoles d'applique ornées de boutons dorés et de perles d'émail bleu sur verre incolore.

Catalogue Debruge, n° 1230.

Haut. 16 cent. Diam. 16 cent.

295

816 — **Autre Coupe** de même forme et de travail analogue, sans consoles. Même verre.

Haut. 17 cent. Diam. 19 cent.

92

817 — **Autre Coupe** semblable.

Haut. 15 cent. Diam. 17 cent.

210

818 — **Coupe** de mêmes forme et verre.

La vasque est travaillée de deux zones de canne à filets de verre blanc, au centre desquelles est une rosace de dix-huit rayons droits de même canne.

Le balustre et le pied de travail analogue.

Haut. 10 cent. Diam. 15 cent.

57

819 — **Coupe** de même forme, à vasque godronnée.

Le balustre est composé de filets blancs disposés en spirale.

Haut. 11 cent. Diam. 15 cent.

200

à Report   1,318,298

Report 1,358,298

820 — **Deux Coupes** de même forme, sans balustre, travaillées à filets blancs tors, séparés par une canne de verre blanc uni. Le tout disposé en spirale.

Haut. 9 cent. Diam. 19 cent.

225

821 — **Coupe** de même forme à filets blancs, disposés en réseau concentrique (à deux paraisons), avec bulles d'air dans les mailles.

Catalogue Debruge, n° 1353.

Haut. 10 cent. Diam. 20 cent.

100

822 — **Autre Coupe** de mêmes forme et travail.

Catalogue Debruge, n° 1348.

Haut. 8 cent. Diam. 19 cent.

823 — **Autre Coupe basse** de mêmes forme et travail, dont le réseau est entrecoupé de fines cannes à filets tors, du même blanc, formant de grandes mailles.

Le pied pyriforme.

Haut. 9 cent. Diam. 16 cent.

90

824 — **Autre Coupe basse** de mêmes forme et travail.

Haut. 8 cent. Diam. 16 cent.

130

825 — **Gobelet** à pied élevé et à surprise, dont la coupe, festonnée et ornée de nervures avec filets du même

305

a Reporté 1,359,148

verre, repose sur le cou d'un cygne exécuté en verre
tors, avec appliques bleues. Verre incolore.

Catalogue Debruge, nᵒ 1220.

Haut. 28 cent. Diam. 10 cent.

826 — **Gobelet** à pied élevé, forme calice ; verre incolore.

La coupe repose sur un balustre en forme de
dragon, porté par un enroulement de fil de verre
uni.

Haut. 27 cent. Diam. 8 cent.

827 — **Petit Gobelet** de verre incolore dont la coupe festonnée, avec nervures, repose sur un nœud gordien
de verre tors. avec appliques de verre bleu.

Catalogue Debruge, nᵒ 1247.

Haut. 15 cent. Diam. 8 cent.

828 — **Gobelet** à pied, forme de calice, avec balustre.

Travail très-délicat de filets blancs tors de deux
cannes.

Catalogue Debruge, nᵒ 1330.

Haut. 16 cent. Diam. 8 cent.

829 — **Autre Verre** à pied, de travail identique et de même
époque, dont la coupe est un cône renversé.

Haut. 18 cent. Diam. 19 cent.

Vital 830 — **Petit Verre** à pied, de mêmes forme et travail, à trois cannes variées de filets blancs.

Balustre massif à godrons tors.

Catalogue Debruge, n° 101.

Haut. 14 cent. Diam. 7 cent.

Malinot 831 — **Gobelet** forme de calice, en verre incolore, porté sur pied très-élevé, avec balustre en forme de lyre, composé d'enroulements de verre cordonné à filets blancs et rouges avec crête d'applique en verre bleu.

Haut. 28 cent. Diam. 12 cent.

St Denis 832 — **Autre Gobelet** de mêmes forme et travail.

Orjean 833 — **Autre Gobelet** semblable.

Les filets du balustre sont blancs.

Haut. 28 cent. Diam. 8 cent. 1/2.

Perrin 834 — **Gobelet de poche** côtelé et composé de débris de canne à filets, semé de *fiori* de divers dessins et nuances avec dorures entre les deux paraisons.

Haut. 7 cent. Diam. 37 cent.

Roussel 835 — **Grand Vase** à long col et à panse lenticulaire dans le sens horizontal, avec piédouche.

Ce vase, très-rare, de verre incolore tirant sur la couleur d'aigue-marine, est richement émaillé de cartouches bleus contenant des animaux et des fleurs blanches, rouges et jaunes ; le tout sur un fond doré à arabesques de fleurs.

Travail de la Syrie ou de la Perse, au commencement du quinzième siècle.

Haut. 50 cent. Diam. 25 cent.

836 — **Vase à bec** et à long col (Mesciroba), verre incolore, soufflé à cannelures.

Il a la forme d'une écrevisse dont les yeux, les pattes et les articulations de la queue sont appliquées en verre bleu.

Catalogue Debruge, n° 1255.

Haut. 33 cent.

837 — **Vase** du même genre et de même travail.

Il représente un Centaure enlevé sur les pieds de derrière, dont le masque et les quatre sabots, palmés, sont en verre bleu.

Catalogue Labarte, n° 1226.

Haut. 32 cent.

838 — **Autre Vase** de même genre.

La panse, en forme de coquille, porte un col affilé terminé par une tête de guivre crôtée ; une patère, placée sous le goulot, servait à recevoir et à mesurer le liquide lorsqu'on le versait.

Verre incolore, avec les accessoires en verre bleu.

Haut. 17 cent.

839 — **Vase** dont la panse représente une grappe de raisin, avec orifice évasé.

Haut. 35 cent.

840 — **Autre Vase** de même genre à panse sphérique; l'orifice évasé en trèfle. Verre travaillé d'une canne à filets blancs tors, séparé par un filet blanc lisse.

Haut. 26 cent.

841 — **Vase** de forme cylindrique avec bord légèrement évasé.

Il est travaillé de deux cannes alternant; l'une, en bleu céleste, l'autre rouge opaque, séparées par trois cannes de verre blanc mat; le tout disposé en spirale, avec masques de lion dorés.

Haut. 16 cent. 1/2. Diam. 11 cent.

842 — **Vase** de forme dite à la Médicis, avec anses et couvercle. Verre incolore, orné de filets et de cannelures saillantes travaillées à filets blancs tors.

Haut. 29 cent. Diam. 16 cent.

843 — **Seau** avec anse (secchia) en verre craquelé. Au fond du vase est un globe de rapport, en verre bleu côtelé, porté sur un pédicule.

Haut. 17 cent. Diam. 30 cent.

844 — **Autre Seau** de mêmes genre et verre dont le bord est octogonal; l'anse est torse et la panse décorée

de cercles de même verre et de mascarons d'applique.

Catalogue Debruge, n° 1232.

Haut. 10 cent. Diam. 19 cent.

843 — **Autre petite Secchia** soufflée à bossages ; verre incolore rubanné de blanc.

Catalogue Labarte, n° 2760.

Haut. 10 cent. Diam. 14 cent.

846 — **Petit Vase** de forme ovoïde antique avec anse et pied ; verre incolore craquelé et soufflé à godrons.

La panse de ce joli vase est décorée de deux mascarons ailés en verre d'applique émaillé au naturel et doré, ainsi que de quatre zones de verre blanc. Le pied, côtelé, est craquelé d'or.

Catalogue Debruge, n° 1283.

Haut. 15 cent. Diam. 13 cent.

847 — **Compotier** à couvercle avec plateau ; verre craquelé.

Haut. 19 cent. Diam. 16 cent.

848 — **Petits Dauphins** (deux) en verre incolore, remarquables par l'élégance de leur forme et par le travail, qui est entièrement modelé à la tenaille.

Catalogue Debruge, n° 1237.

849 — **Vase** de forme ovoïde à bossages et à filets blancs de deux cannes.

Haut. 20 cent. Diam. 14 cent.

850 — **Vase** de forme cylindrique à piédouche bleu évasé, côtelé et craquelé d'or.

La coupe est en verre blanc opaque et couverte d'imbrications à écailles d'or avec points d'émail de diverses couleurs ; de chaque côté est un médaillon renfermant. l'un deux portraits affrontés, et l'autre les deux mêmes personnages sur la même ligne.

Pièce aussi rare par sa couleur que remarquable. Quinzième siècle.

Haut. 17 cent. Diam. 9 cent.

851 — **Petite Burette** en verre incolore, panse à tubercules et ornements bleus.

Haut. 12 cent.

852 — **Autre Burette** de verre incolore. La panse est ornée de mascarons et de tubercules avec filets bleus.

Haut. 16 cent.

853 — **Vase** ayant la forme d'une femme dont les bras forment les anses et le goulot évasé la tête.

Haut. 20 cent.

854 — **Vase** à jeu hydraulique en verre incolore, à trois petites anses bleues.

Haut. 12 cent.

855 — **Verre** à double fond, s'emplissant par le pied, qui est orné de filets blancs et bleus.

Haut. 12 cent.

856 — **Grande Coupe** à côtes saillantes en verre agate.

Haut. 14 cent. Diam. 26 cent.

857 — **Coupe basse** avec pied, ornée de côtes dorées et d'une bordure d'imbrications à écailles de même, pointillées d'émail de couleur; au centre, un cerf.

Haut. 6 cent. Diam. 25 cent.

858 — **Grande Coupe** profonde à piédouche, en verre incolore, ornée d'imbrications d'or et d'émail; le fond à côtes saillantes dorées.

Haut. 16 cent. Diam. 28 cent.

859 — **Gobelet** avec son présentoir en verre agate aventuriné.

860 — **Autre Gobelet** semblable.

861 — **Verre à pied** élevé et tors, orné de roseaux en verre bleu.

862 — **Burette** à une anse. La panse est ornée de trois mascarons dorés et de rosaces bleues.

VERRERIE ALLEMANDE

863 — **Grand Vidrecome** de forme cylindrique en verre émaillé de la figure de l'Empereur assis, ayant à sa gauche le roi de Bohême debout et les six électeurs de l'empire.

Il porte une inscription et la date de 1589.

Haut. 27 cent. Diam. 14 cent.

864 — **Autre grand Vidrecome** de même forme, richement émaillé de l'aigle de l'empire, dont les ailes sont chargées de tous les écussons des Etats qui en dépendent, avec le Christ en croix brochant sur le tout.

Il porte une inscription et la date 1577.

Haut. 30 cent. Diam. 12 cent.

865 — **Autre** semblable, moins la figure du Christ; avec inscription et date de 1601.

Haut. 30 cent. Diam. 11 cent.

866 — **Autre** plus grand, de semblable décor.

Haut. 35 cent. Diam. 13 cent.

867 — **Autre** semblable; même dimension.

14

Mouchon — 868 — **Autre** de même forme avec couvercle; il est émaillé d'une montagne boisée et peuplée de diverses bêtes fauves, au sommet de laquelle est un château ayant à sa base une tête de bœuf émaillé de gueules ; au-dessous un cadenas pendant à une chaîne.

Longue inscription avec la date de 1715.

Haut. 31 cent. Diam. 10 cent.

80

Manheim — 869 — **Autre Vidrecome** à couvercle, émaillé des pleines armes de Saxe.

Inscription et date de 1697.

Haut. 25 cent. Diam. 8 cent.

129

870 — **Petit Vidrecome** à couvercle émaillé des mêmes armes; le reste du vase est semé de petits ornements alternés et porte une inscription.

Haut. 17 cent. Diam. 7 cent.

871 — **Autre** tout à fait semblable.

187

Courtrai — 872 — **Pistolet** (pour l'eau de la reine de Hongrie). Verre incolore.

Le canon et le rouet sont figurés en émail.

Long. 8 cent.

37

Perrigan — 873 — **Gobelet à pied** forme évasée, émaillé et représentant le Baptême de Jésus-Christ par saint Jean.

Il porte la date de 1574.

Haut. 17 cent. Diam. 9 cent.

40

VAISSELLE D'ARGENT ET JOYAUX

VAISSELLE D'ARGENT

874 — **Grand Gobelet** de maître, de forme cylindrique, un peu évasée, en argent battu et doré en partie (vairé).

Le soubassement, crénelé et orné d'une frise de feuillages, est supporté par trois figures d'hommes sauvages ; dans le milieu de la hauteur du gobelet est un cercle d'enfilage, crénelé et orné de tourelles.

Le couvercle, de forme convexe allongée en cône, se termine par un élégant fleuron (fruitelet) à double rang de feuilles, au centre duquel est un petit sauvage tenant une banderole (rôlet) sur laquelle on lit les initiales H. D. G.

Travail d'Augsbourg, vers la fin du quinzième siècle.

Haut. 30 cent. Diam. 11 cent.

875 — **Aiguière** (chopine) dépendant du gobelet précédent et du même travail.

Ce vase, dont la forme élégante rappelle celle des aiguières de l'Orient, porte un bronçon bifurqué à son extrémité ; ce double bec naît d'une tête de gargouille d'excellent style.

Le couvercle, de forme hémisphérique, est surmonté d'une couronne ou galerie à feuilles de persil ; un ornement pareil se trouve au pied du vase.

On sait combien l'argenterie du moyen âge est rare.

Haut. 29 cent.

876 — **Grand Gobelet** de maître, de forme analogue au précédent et de même métal doré en partie.

Il est couvert de bas-reliefs représentant des chasses de divers genres, très-finement ciselées ; ces sujets sont séparés par des tores (suages) d'orfévrerie repercés à feuillages, fleurs et animaux de style gothique.

Le couvercle est surmonté de quatre animaux (supports héraldiques) : un bélier, un griffon et deux ours, debout et tenant des écus émaillés aux armes de quatre villes de la Suisse. Au-dessus, et pour fruitelet, est un lion grimpant et tenant une épée et le globe impérial, en s'appuyant sur un écu émaillé, tranché d'argent et d'azur.

Cet admirable vase, parfaitement conservé, est encore un ouvrage d'Augsbourg, au commencement du seizième siècle.

Haut. 35 cent. Diam. 12 cent.

876 bis — **Deux Gobelets** de même forme supportés par des lions héraldiques.

877 et 878 — **Deux Porte-Coupes** d'argent doré et ciselé en relief.

Leur forme se compose d'un riche socle surmonté d'un balustre orné de consoles ou cariatides de chimères détachées à jour, au-dessus duquel est un nœud en forme d'urne, d'où s'élancent trois chevaux ailés servant de griffes; ces griffes, qui s'ouvrent ou se resserrent à l'aide d'un tourniquet logé sous la base, servaient à saisir le pied de la coupe de verre ou de pierre précieuse qu'on y adaptait dans les festins.

Le dessus du nœud de cette belle argenterie porte un écusson d'armoiries représentant un cheval grimpant.

Ouvrage allemand ou flamand du milieu du seizième siècle.

Catalogue Labarte, n° 917.

Haut. 20 cent. Diam. 10 cent.

879 — Gobelet renversé (sans pied), argent doré et ciselé en relief.

Le fond est surmonté d'un petit moulin à vent garni d'un tube pour faire jouer, en soufflant, la roue du moulin; un cadran, numéroté à l'opposite de l'axe, marquait le nombre des coups à boire.

Ce genre de gobelet servait, comme on disait en ce temps-là, à faire *carousse*.

Travail allemand du dix-septième siècle.

Haut. 27 cent. Diam. 10 cent.

880 — Autre Gobelet de même genre, doré en partie.

Haut. 26 cent. Diam. 10 cent.

881 — **Autre** à peu près semblable.

Haut. 23 cent.

882 — **Petite Coupe** en argent repoussé et doré, à anse plate découpée à jour.

883 — **Gobelet** renversé, ayant la forme d'une dame dans le costume de la première moitié du dix-septième siècle.

Cette figure est surmontée d'une autre coupe dont le couvercle porte un petit Amour.

Même fabrique.

Haut. 30 cent.

884 — **Autre Gobelet** du même genre.

Il a également la forme d'une dame vêtue d'un costume de l'époque, dont la robe forme le gobelet, comme au précédent.

Haut. 15 cent. Diam. 8 cent. 1/2.

885 — **Grand Gobelet** à pied et couvercle en argent battu.

La coupe, supportée par une figure de femme, a la forme d'un ananas ; le couvercle est surmonté par un bouquet d'orfévrerie.

Travail allemand de la première moitié du dix-septième siècle.

Haut. 43 cent. Diam. 10 cent.

886 — **Autre grand Gobelet** d'argent battu, dont le balustre est formé d'une petite figure tenant des fruits.

La coupe et le pied, qui conservent encore la forme allemande du quinzième siècle, sont ornés de bossages; l'aigle de l'Empire sert de fruitelet au couvercle.

Deuxième moitié du dix-septième siècle.

Même fabrique.

Haut. 37 cent. Diam. 10 cent.

887 — **Autre Gobelet** du même genre, sans couvercle.

Le balustre est formé d'une petite figure d'homme ayant le costume du temps de Louis XIV.

Un artifice, pratiqué au fond de la coupe, fait monter la figurine de femme vêtue à l'antique à mesure que la coupe s'emplit de liquide.

Même fabrique.

Haut. 24 cent. Diam. 11 cent.

888 — **and Gobelet** du même genre.

La coupe, en forme de vase et ornée de bas-reliefs, est soutenue par une figure de nègre; le pied est également ciselé.

Le couvercle, qui a la forme d'une patère, est ciselé à trophées et surmonté d'une figurine de Victoire.

Haut. 27 cent. Diam. 11 cent.

Report 1,394,941

889 — Gobelet à pied et couvercle en agate rouge, monté en argent doré, orné de filigránes et émaillé de diverses couleurs.

Une grosse perle baroque forme le fruitelet du couvercle.

Travail allemand de la première moitié du dix-septième siècle.

Haut. 24 cent. Diam. 8 cent.

890 — Coupe oblongue en agate rougeâtre, montée en argent doré.

Le pied est formé par une figurine grotesque reposant sur un socle également en argent doré.

Haut. 12 cent.

891 — Sifflet, partie cuivre doré et argent.

Il a la forme d'un oiseau sur une branche de laurier, avec un petit coulisseau qui sert à modérer ou augmenter le son.

892 — Grande Coupe en argent doré et ciselé, ayant la forme d'une vasque au centre de laquelle s'élève un balustre portant un gobelet disposé en tulipe.

Plusieurs becs, placés le long du balustre, forment autant de jets lorsqu'on emplit le gobelet.

Travail allemand du dix-septième siècle.

Haut. 40 cent. Diam. 22 cent.

893 — **Coupe** en argent battu et doré, formée d'une feuille de vigne à laquelle une grappe de raisin sert de balustre.

Travail allemand de la fin du dix-septième siècle.

Haut. 20 cent. Diam. 20 cent.

894 — **Coupe** à vin fin ou liqueur, en argent doré, en forme de navire, avec mât et voile, montée sur quatre roues; la carène est ciselée de tritons; sur l'avant et l'arrière sont de petites figures de ronde bosse qui représentent des marins et des soldats.

Un goulot, à la proue, sert de biberon.

Travail allemand du dix-septième siècle.

Haut. 27 cent. Long. 25 cent. Larg. 6 cent.

895 — **Autre Coupe** en tout semblable.

896 — **Plat rond** orné de bas-reliefs représentant Atalante et Méléagre vraisemblablement.

Le bord est décoré de fleurs et de quatre médaillons renfermant des bustes, allégories des quatre saisons.

Diam. 44 cent.

897 — **Coupe** en forme de navire, avec mât et voile, montée sur quatre roues.

Haut. 33 cent. Long. 17 cent. Larg. 8 cent.

Report. — 1,398,446

898 — **Autre Coupe** de même genre, le navire porté sur un pied à balustre.

Haut. 42 cent.

899 — **Autre Coupe** semblable, également sur pied.

Haut. 38 cent.

900 — **Autre** semblable, plus petite.

Haut. 36 cent.

901 — **Autre** plus petite.

Haut. 35 cent.

Tous les navires ci-dessus conservent encore la forme gothique et sont de fabrique allemande.

902 — **Gobelet** d'argent doré, ayant la forme d'une hotte portée par une statuette dont le costume rappelle celui du règne de Henri IV.

Travail allemand de la première moitié du dix-septième siècle.

Haut. 27 cent.

903 — **Gobelet** de même forme non doré ; la statuette, de forme analogue à la précédente, est en buis sculpté.

Haut. 25 cent.

904 — **Autre** semblable.

Haut. 23 cent.

à Reporter 1,400,641

Report 1,400,641

905 — **Autre** semblable.

Haut. 23 cent.

906 — **Tasse à deux anses**, en même métal, dont le fond représente des dames costumées en bergères.

Dix-septième siècle.

Diam. 19 cent. sur 16 cent.

907 — **Autre Tasse** de mêmes forme et métal, ornée de fleurs.

Diam. 15 cent. sur 14 cent.

908 — **Pot** de forme cylindrique avec anse, doré en partie.

Le corps du vase, repoussé de haut relief, représente Esther devant Assuérus et le triomphe de Mardochée; sur le couvercle, un sujet biblique.

Travail allemand du dix-septième siècle.

Haut. 23 cent. Diam. 18 cent.

909 — **Autre Pot** de mêmes forme et travail.

Le couvercle représente Loth et ses filles; sur le corps du vase sont des figures mythologiques peu reconnaissables à leurs attributs.

Haut. 19 cent. Diam. 15 cent.

910 — **Canette à bière** en argent repoussé et doré. La base, l'anse et le couvercle sont richement ciselés de mascarons, de cartouchages et de figures d'animaux

a Reporter 1,400,812

touchés avec finesse et enrichis de chatons de cail-
loux du Rhin; le corps du vase est entièrement couvert de pareils chatons.

Ouvrage allemand du seizième siècle.

Haut. 22 cent. Diam. 12 cent.

911 — Drageoir formé d'une portion de corne de cerf ac-
cidentellement figurée en forme de canard, monté
en argent doré.

Dix-septième siècle.

912 — Burette en verre incolore enrichie de fleurs et de
feuillages d'applique en argent.

Travail du dix-septième siècle.

Haut. 17 cent.

913 — Plat ovale en argent, repoussé et doré.

Le fond représente un tambour et un fifre dans
le costume des régiments de l'époque de Louis XIV;
le bord est décoré de feuilles et de fleurs.

Travail allemand.

Diam. 38 cent. sur 32 cent.

914 — Plat circulaire do même métal.

Le fond est uni et le bord orné de fleurs.

Travail repoussé allemand de la deuxième moitié
du dix-septième siècle.

Diam. 25 cent.

915 — Autre Plat semblable.

916 — Plat ovale.

Le centre représente Vénus et l'Amour; autour, une bordure de feuilles et de fruits.

Diam. 80 cent. sur 27 cent.

917 et 918 — Deux Salières de forme triangulaire basse, en argent doré.

Les parois sont ornées de grotesques en bas-relief aussi élégants que finement ciselés; trois tritons, disposés en cariatides, forment les pieds.

Orfévrerie d'Augsbourg du milieu du seizième siècle.

Catalogue Debruge, n° 919.

Diam. 10 cent.

919 et 920 — Deux petites Salières de forme circulaire, gravées et ciselées d'arabesques. Trois petits écureuils, debout, leur servent de pieds.

Mêmes fabrique et époque.

Diam. 8 cent.

921 — Grand Drageoir d'argent battu et doré en partie.

Il a la forme d'un cheval au galop et repose sur une terrasse ciselée au naturel.

Travail allemand, première moitié du dix-septième siècle.

Catalogue Debruge, n° 321.

Haut. 25 cent.

Monsheim

922 — Autre Drageoir d'argent doré.

Il représente une licorne dont les pieds de derrière reposent sur une terrasse couverte de reptiles.

Même travail.

Haut. 19 cent.

222

923 — Autre Drageoir d'argent non doré.

Il a la forme d'un ours dressé sur son derrière.

Même fabrique.

Haut. 20 cent.

361

Aders

924 — Autre, représentant une chouette.

Même travail.

Haut. 18 cent.

275

Monsheim

925 — Autre, représentant un coq.

Haut. 20 cent.

278

Jacob

926 — Autre, d'argent doré.

Il a la forme d'un taureau s'élançant à la course. La terrasse qui lui sert de base est repoussée.

Travail allemand de la première moitié du dix-septième siècle.

Haut. 28 cent. Long. 25 cent.

550

Sulliès

927 et 928 — Deux Chandeliers en argent doré en partie.

La bobêche est soutenue par une figurine à l'antique.

Travail allemand du milieu du dix-septième siècle.

Haut. 20 cent.

JOYAUX

929 — **Grand Coffret** à bijoux de forme octogone, en argent ciselé, doré en partie et appliqué sur bois.

Les faces de la cassette représentent la Mort d'Etéocle et de Polynice, la Conquête de la Toison d'or, la Fondation de Salente, et le Moment où Romulus et Rémus furent exposés après leur naissance.

Le dessus du couvercle est orné d'une figurine de ronde bosse couchée, représentant Diane entourée de chiens et d'attributs de chasse.

Ouvrage de la première moitié du dix-septième siècle.

Haut. 31 cent. Long. 36 cent. Larg. 30 cent.

930 — **Écritoire** en cuivre doré, orné d'appliques de filigrane d'argent et de coraux sculptés à feuillages et à fleurs.

Elle se compose de trois vases de plan hexagones pour l'encre, la poudre et le pain à cacheter, au milieu desquels est un support de forme analogue pour les plumes.

Cet ensemble repose sur une base triangulaire de même décor, supportée par trois têtes d'ange dorées.

Ouvrage italien de la fin du dix-septième siècle.

Diam. 30 cent.

931 — **Ciseaux** de femme dont les branches, en argent, sont formées par un mime à costume richement émaillé de diverses couleurs.

Ouvrage du commencement du dix-huitième siècle.

Long. 13 cent.

932 — **Autre** semblable, sans émail.

Long. 13 cent.

933 — **Aigrette** en or ciselé et émaillé de diverses couleurs et enrichie de nombreux chatons de rubis.

La base représente saint Michel, dont le casque et la cuirasse sont formés de perles baroques.

Ouvrage français du milieu du dix-septième siècle.

Haut. 12 cent.

934 — **Dé à coudre** en argent doré, orné d'une virole découpée à jour et émaillée en partie. La partie pointillée du dé s'enlève et laisse voir un cachet armorié.

Travail italien de la fin du seizième siècle.

934 *bis* — **Autre Dé** semblable.

ARGENTERIE RUSSE

935 — **Grand Bassin** d'argent de forme circulaire avec deux anses mobiles ornées de mascarons; le pourtour du vase est gravé extérieurement d'inscriptions en caractères russes indiquant qu'il fut fait pour le prince Pojarsky; l'intérieur offre un ombilic sur lequel est gravé le sujet du Baptême de Jésus par saint Jean.

Diam. 30 cent. Haut. 15 cent.

936 — **Vase** de forme sphéroïdale en argent doré, entièrement décoré de gravures représentant des animaux et des rinceaux d'ornement, avec inscriptions en caractères russes.

L'intérieur offre un ombilic sur lequel est un navire voguant sur les flots et entouré de poissons : le vase est supporté par huit dauphins.

Haut. 16 cent. Diam. 19 cent.

937 — **Autre Vase** de même forme décoré d'arabesques gravées et dorées sur fond bruni et blanc; une inscription russe entoure l'ouverture du vase.

Haut. 11 cent. Diam. 12 cent.

938 — **Vase** du même genre.

Haut. 11 cent. Diam. 10 cent.

15

939 — Autre Vase semblable.

> Haut. 10 cent. Diam. 10 cent.

940 — Vase semblable, doré et couvert d'ornements repoussés dans le style du seizième siècle, avec inscriptions.

> Haut. 11 cent. Diam. 11 cent.

941 — Coupe dorée, en forme de nacelle ; l'anse et le milieu de la coupe sont décorés de la double aigle de Russie ; l'extérieur offre deux médaillons, avec portraits, et des inscriptions en caractères russes.

> Haut. 11 cent. Diam. 27 cent. sur 17 cent.

942 — Autre Coupe de même forme.

> Haut. 10 cent. Diam. 19 cent. sur 17 cent.

943 — Autre Coupe semblable.

> Haut. 10 cent. Diam. 26 cent. sur 17 cent.

944 — Petite Coupe du même genre repoussée et dorée. L'intérieur offre des tritons et des dauphins ; l'extérieur est décoré de rinceaux avec animaux divers.

> Haut. 5 cent. Diam. 11 cent. sur 7 cent.

945 — Autre Coupe, à peu près semblable, décorée de fleurs repoussées.

> Haut. 6 cent. 1/2. Diam. 15 cent. sur 8 cent.

Report 1,412,705

946 — **Autre Coupe** semblable, décorée d'oiseaux et de fleurs repoussés.

> Haut. 5 cent. Diam. 12 cent. sur 7 cent. 1/2.

17

947 - **Petite Coupe** ronde à anse plate ; à l'intérieur une Chasse au cerf occupant le pourtour de la coupe, dont le centre offre un navire et des poissons.

> Diam. 9 cent.

57

948 — **Coupe** semblable, décorée intérieurement de sirènes et de dauphins, et extérieurement d'animaux divers, avec inscriptions.

> Diam. 7 cent.

102

949 — **Autre Coupe** du même genre, décorée d'ornements et d'inscriptions gravées.

> Diam. 7 cent.

64

950 — **Autre Coupe** semblable ; à l'intérieur, un cerf ; à l'extérieur, des animaux divers, avec inscriptions.

> Diam. 7 cent.

54

951 — **Coupe** semblable, offrant un sujet historique.

> Diam. 7 cent.

40

952 — **Autre Coupe** ornée intérieurement et extérieurement d'arabesques, avec inscriptions gravées.

> Diam. 7 cent.

40

953 — **Autre Coupe** à peu près semblable.

> Diam. 6 cent.

22

A Reporter 1,412,703

954 — **Vase** formé par une noix de coco; la monture, en argent doré et gravé, porte des inscriptions.

Haut. 12 cent. Diam. 9 cent.

955 — **Autre Vase** semblable, monté en cuivre doré.

Haut. 14 cent. Diam. 10 cent.

956 — **Coupe basse**, de forme circulaire, en argent repoussé et doré en partie ; l'intérieur offre, au centre, le Buste du Sauveur, et au pourtour les Douze apôtres placés sous des arceaux à ogives, avec leurs noms en caractères russes.

Haut. 4 cent. Diam. 16 cent.

957 — **Grand Gobelet** octogone, offrant sur chaque pan une figure de saint avec ses attributs et des inscriptions.

Haut. 21 cent. Diam. 14 cent.

958 — **Coupe ronde** en argent, émaillée de fleurs intérieurement et extérieurement, de seize médaillons de figures de saints et des douze signes du zodiaque.

Diam. 15 cent.

959 — **Autre Coupe** de même forme, émaillée de fleurs en dedans et en dehors.

Diam. 16 cent.

960 — **Autre Coupe** semblable ; à l'intérieur quatre sujets bibliques, et à l'extérieur quatre bustes et les signes du zodiaque.

Diam. 16 cent.

Ayers 961 — **Autre Coupe** émaillée de fleurs, dont le centre représente un canard.

Diam. 16 cent.

325

Rothenger 962 — **Autre Coupe** pareille ; à l'intérieur des fleurs ; extérieurement quatre saints et des signés du zo-
diaque.

Diam. 15 cent.

155

Cordier 963 — **Autre Coupe** plus petite, émaillée de fleurs.

Diam. 8 cent.

85

Vitel 964 — **Coupe** à une anse, émaillée, décorée de fleurs.

Diam. 8 cent.

140

Je 965 — **Autre Coupe** semblable, décorée de fleurs et d'oiseaux.

Diam. 9 cent.

112

Myers 966 — **Coupe** semblable avec anse découpée à jour ; décorée
d'arabesques de style oriental en émail cloisonné.

Diam. 7 cent.

85

Mon Luin 967 — **Autre Coupe** à peu près semblable.

Diam. 7 cent.

108

Dufrène 968 — **Coupe** de même forme en coquille blanche, montée
d'argent émaillé. L'anse est ornée de cariatides, de
lions et de dauphins.

Diam. 8 cent.

225

969 — **Autre Coupe** semblable ; la monture en argent ciselé et gravé.

Diam. 7 cent.

970 — **Petite Coupe** de même forme en burgau ; monture
en argent doré enrichie de pierreries.

Diam. 6 cent.

971 — **Coupe** de même forme en serpentine translucide
verdâtre ; monture en argent émaillé, enrichi de
pierreries et de filigrane.

972 — **Autre Coupe** semblable.

Diam. 6 cent

973 — **Gobelet** en forme de cône renversé, sur pied a balustre, orné de deux ailerons ; le tout en filigrane
d'argent émaillé de diverses couleurs.

Haut. 11 cent.

974 — **Œuf d'autruche** disposé pour être suspendu ; la
garniture, en argent filigrané, est émaillée de diverses couleurs.

Haut. 15 cent. Diam. 12 cent.

975 — **Vase** formé d'un coco sculpté, orné de trois bas-reliefs
représentant des sujets bibliques ; monture en argent filigrané et émaillé.

Haut. 11 cent. Diam. 10 cent.

976 — **Boîte** à six lobes avec couvercle en argent doré, émaillée de fleurs avec filigrane.

Haut. 8 cent. Diam. 8 cent.

977 — **Coffret en argent** émaillé, décoré, en dedans et en dehors, de fleurs, avec bustes d'hommes et animaux.

Haut. 9 cent. Larg. 9 cent. Long. 13 cent.

978 — **Coffret** à peu près semblable en cuivre émaillé.

Haut. 10 c. Long. 13 cent. Larg. 8 cent.

979 — **Couteau** avec sa gaîne.
Le manche est en dent de vache marine avec viroles en argent niellé.
La gaîne, en velours et brocart, est garnie en argent émaillé de fleurs.

Long. 30 cent.

980 — **Croix** en bois sculpté, offrant sur chaque face cinq bas-reliefs représentant, d'un côté, le Baptême de Jésus-Christ par saint Jean, et, de l'autre, les quatre Évangélistes.
Cette croix est enchâssée dans une monture en argent émaillé portant des inscriptions en caractères russes.

Haut. 42 cent.

981 — **Autre Croix** semblable, enrichie de coraux.

Haut. 17 cent.

982 — **Autre jolie Croix** de même genre, filigranée et émaillée, enrichie de grenats et de coraux.

Haut. 20 cent.

983 — **Autre petite Croix** filigranée et émaillée, ornée de chatons en grenat et perles fines.

Haut. 12 cent.

984 — **Tryptique** en bois sculpté, offrant quarante-cinq petits bas-reliefs représentant des sujets tirés de la vie du Christ et des apôtres.

Tous ces bas-reliefs sont enchâssés dans des compartiments en filigrane d'argent doré.

Haut. 40 cent. Larg. 36 cent.

985 — **Bas-relief** en bois, d'un travail analogue aux précédents, offrant quinze sujets tirés de la vie du Christ, avec inscriptions grecques.

Ce bas-relief n'a pas de monture.

Haut. 20 cent. Larg. 10 cent.

CHANDELIERS EN BRONZE

986 — Chandelier à base hexagone, surmonté d'une haute pointe (d'où cette espèce de chandelier était autrefois simplement appelée pointe), en cuivre doré et émaillé d'épargne.

La base, semée de fleurs de lis, représente deux Cavaliers armés se disposant à jouter l'un contre l'autre.

Limoges, quatorzième siècle.

Haut. 25 cent.

987 — Autre Chandelier en cuivre fondu, à cire perdue, dont la base représente un Animal chimérique à longue queue disposée en rinceaux et terminée par une fleur. Cette queue forme la tige du chandelier.

Fabrique d'Augsbourg, treizième siècle.

Haut. 18 cent.

988 — Autre Chandelier, de fonte pareille, formé d'un Éléphant portant une tour dont le sommet crénelé sert de patère au chandelier; sur l'esplanade de cette tour est une Guette (sentinelle) sonnant du cor.

Haut. 18 cent.

989 — Autre Chandelier semblable.

Haut. 15 cent.

990 — **Autre Chandelier** semblable.

Haut. 15 cent.

991 — **Deux Chandeliers** de même métal, fondus sur cire.

La base, circulaire, est ornée d'une frise de mascarons et d'aigles de haut style; le balustre, en forme de vase, porte deux écussons armoriés.

Ouvrage italien de la fin du quinzième siècle.

Haut. 21 cent.

992 — **Deux autres**.

993 — **Deux autres Chandeliers** de même forme.

La base est ornée de guirlandes soutenues par des mascarons de satyres; le balustre, en forme d'urne, est décoré de feuillages et de cariatides.

Fabrique italienne.

Seizième siècle.

Haut. 19 cent.

994 — **Deux Chandeliers** de mêmes genre et époque, mais plus petits et à base triangulaire.

995 — **Chandelier** en bronze fondu, formé par un personnage en costume suisse du seizième siècle, avec base circulaire ornée d'arabesques.

Haut. 24 cent.

996-997 — Autre Chandelier en bronze, représentant une femme à cheval sur un lion.

Travail allemand du treizième siècle.

Haut. 16 cent.

998 — Écritoire en bronze fondu sur cire.

Le stilobate, de forme carrée, supporte une terrasse au naturel, sur laquelle est une statuette de guerrier appuyé du genou sur son casque, et qui semble s'efforcer de retirer de sa poitrine le trait qui l'a frappé.

Ouvrage italien du seizième siècle.

Haut. 22 cent.

999 — Autre Écritoire dont le stilobate porte une figure allégorique nue, la tête coiffée d'un casque ailé ; auprès d'elle, un sceptre, un bouclier et un crâne qu'elle semble fouler aux pieds.

Près du vase qui sert à mettre l'encre, est un cartouche sur lequel on lit : *Vitam, non mortem recogita.*

Ouvrage du même pays et de la même époque.

Haut. 17 cent.

1000 — Autre Écritoire à peu près semblable.

Haut. 18 cent.

— 238 —

1001-1002 — **Mufle de lion** ayant servi à une fontaine.

Beau bronze italien du quinzième siècle et de style antique.

Diam. 20 cent.

VAISSELLE DE CUIVRE EL D'ÉTAIN

1003 — **Bouilloire** en cuivre, représentant le lai d'Aristote.

Ouvrage allemand du commencement du quinzième siècle.

Haut. 95 cent. Long. 38 cent.

1004 — **Autre Bouilloire** en cuivre, en forme de cheval.

Même travail.

Haut. 32 cent. Long. 45 cent.

1005 — **Autre Bouilloire** de même métal, représentant un oiseau chimérique.

Même travail.

Treizième siècle.

1006 et 1007 — **Aiguière** de forme antique, avec bassin en étain cliché.

C'est un spécimen parfaitement conservé du modèle bien connu de François Briot, dont le buste se voit au revers de l'ombilic du plat.

Ouvrage français du milieu du seizième siècle.

1008 — Buire de forme conique, avec anse et couvercle en étain cliché ; par le même.

Le corps du vase est décoré de trois cartouches ronds renfermant des bas-reliefs de figures de femmes qui représentent les Vertus ; le reste est orné de mascarons et d'arabesques.

1009 — Autre Buire en étain, pareille à la précédente ; par le même.

1010 — Autre Aiguière en étain, d'un décor différent.

1011 — Grand Plat à peu près semblable à celui du nº 1007.

USTENSILES DIVERS

1012 — Grand Soufflet de cheminée en bois sculpté et doré à réserves.

Il est orné de deux cariatides ailées arrangées avec grâce, selon le galbe du soufflet ; au centre est un cartouche surmonté d'une guirlande de fruits ; la poignée formée d'un satyre accroupi, et le canon, qui est en bronze et d'un riche modèle, part d'un mascaron sculpté avec beaucoup de style.

Beau travail italien du milieu du seizième siècle.

1013 — Autre Soufflet du même du genre, de même travail et d'époque pareille.

1014 — Autre de même, de la fin du seizième siècle.

1015 — Autre à peu près semblable, de la fin du seizième siècle.

1016 — Autre de même avec groupe : Vénus et les Amours. Même époque.

1017 — Casse-Noisettes en bois sculpté formé par une figure grotesque.

Long. 35 cent.

Report 1,432,808

1018 — **Étui de pipe** en bois sculpté offrant des trophées d'armes avec armoiries.

Travail allemand,

Long. 23 cent.

1019 — **Autre Étui de pipe** en bois d'ébène sculpté, ayant la forme d'un pistolet.

Même travail, dix-septième siècle.

Long. 48 cent.

1020 — **Autre Étui** semblable en ébène, sculpté de figures.

Le bout offre un médaillon : NICOLANS FOOSSEE, ANNO 1626.

Long. 48 cent.

1021 — **Varlope** en bois exotique sculpté : la poignée est formée par une cariatide, le coin par un buste d'homme, et l'appui-main par un lion.

Seizième siècle.

A Reporter 1,432,848

USTENSILES EN BRONZE

Attinborouy

1022 — Deux grands Chenets en bronze très-riche-
ment ornementés et surmontés chacun d'une figure
représentant, l'une un guerrier richement armé,
l'autre une femme nue.

Travail italien de la fin du seizième siècle. 6000

Delange

1023 — Autre paire de Chenets moins élevés, en bronze
poli, ciselés d'ornements en relief, sans figures.

Mêmes origine et époque. 760

Beurdeley

1024 — Deux Sommités de Chenets en brouze fondu
sur cire.

Elles représentent un satyre de ronde bosse, assis
sur un globe orné de feuillages.

Ouvrage italien du commencement du seizième
siècle. 405

Moreau

1025 — Deux grandes Statuettes en bronze provenant
aussi de chenets du genre de ceux mentionnés plus
haut.

Mêmes fabrique et époque. 1350

USTENSILES EN FER

1026 - 1027 — Heurtoir de porte en fer forgé et sculpté.

Le marteau est formé d'une figure de ronde bosse représentant un enfant nu tenant un cartel en forme de miroir antique, sur lequel est gravé le mot : SALVE. Cette figure est placée sous un couronnement de style renaissance, orné de bustes et mascarons de ronde bosse et surmonté d'une rotonde à coupole, soutenue par des colonnes en forme de balustre.

Beau travail italien du même artiste qui a exécuté le coffre de fer portant le n° 348 du Catalogue.

1028 — Autre Heurtoir en fer forgé et sculpté.

Le marteau représente une jeune femme demi-nue, soulevant de la main droite le voile qui lui tient lieu de ceinture et tenant de la gauche la chaîne d'un petit singe qui appuie ses pattes sur son genou.

Cette figure est surmontée d'un fronton à coquille dans le style de transition du gothique à la renaissance.

Ouvrage français des premières années du seizième siècle.

1029 — Autre Heurtoir en fer forgé.

Le marteau, disposé en anneau, formé d'un entrelac de branches écotées, s'applique sur un écusson circulaire, orné de campassements gothiques repercés à deux plans.

Ouvrage allemand de la fin du quinzième siècle.

Cartier

1030 — **Autre Heurtoir** de porte en fonte de cuivre.

Il représente un masque de lion tenant dans sa gueule l'anse d'une sportule ou panetière qui tient lieu de marteau pour heurter.

Autour de la platine est la traduction en langue allemande du passage de l'Écriture : *Frappez et on vous ouvrira ; demandez et on vous donnera,* avec le millésime de 1563.

Fabrique d'Augsbourg.

1031 — **Clef** ornée d'un chapiteau supportant deux dauphins et un pélican.

1032 — **Autre Clef** à cariatide sur un chapiteau.
Seizième siècle.

1033 — **Petite Serrure** à bosse pour bahut, en fer étamé, ornée de tourelles et de claire-voies.

1034 — **Grande Serrure** de chambre à quatre pênes.
La clef, richement sculptée de chimères et d'un

beau chapiteau, présente une forure double en forme de croix pattée.

Travail français de la fin du seizième siècle.

1035 — **Autre Serrure** de chambre à pêne fourchu et loqueteau.

Le palastre est couvert de gravures au burin, représentant des figures entremêlées de rinceaux; les pièces saillantes de la serrure sont sculptées en relief.

La clef est également sculptée de chimères et d'un chapiteau.

Travail français de la première moitié du dix-septième siècle.

1036 — **Deux Verroux** en fer repoussé, forme de parallélogramme, provenant du château d'Ecouen.

Le champ est orné de rinceaux; un buste de ronde bosse, barbu et coiffé d'un casque, forme le bouton du verrou.

Français du milieu du seizième siècle.

1037 — **Deux autres Verroux** de mêmes travail et provenance.

Il offre la même forme terminée cependant par une demi-disque à chaque extrémité.

Le champ présente, sur l'un, l'écu parti de France et de Médicis, entouré d'une cordelière, et surmonté de la couronne royale ; le fond est semé des K adossés de Charles IX et de Catherine, sa mère.

L'autre présente l'écu de France, entouré du collier de Saint-Michel ; au bas sont les croissants mal ordonnés de Henri II, avec sa devise : *Donec totum impleat orbem* ; le fond est rempli par des arcs et le chiffre enlacé de Henri et de Diane de Poitiers.

Travail français, milieu du seizième siècle.

1038 — **Grande Plaque** de serrure, ayant la forme d'un monument à fronton surbaissé supporté par des cariatides, entre lesquelles est un bas-relief repoussé représentant un combat.

1039 — **Etau** en fer forgé orné d'une figure de triton et d'une cariatide ; de chaque côté un écusson sur lequel on lit : AUCTO ET PERFECTO ANNO 1589, A IACOPO DE FERRARIIS Q. M. DESIDERII.

Travail italien.

PEINTURES EN ÉMAIL ET AUTRES

1040 — Portrait en buste et de profil du roi François Ier.

Peinture carrée en émail de couleur par Léonard de Limoges, contemporain de ce prince.

Cadre sculpté et doré.

Catalogue Debruge, n° 700.

Haut. 19 cent. Larg. 14 cent.

1041 — Portrait de Claude de France, femme du précédent.

Peint par le même artiste ; il porte au revers la date de 1550.

Catalogue Debruge, n° 701.

1042 — Portrait de Louis de Bourbon, duc de Montpensier.

Émail de même forme et grandeur, par le même.

1043 — Portrait d'Antoine de Bourbon, roi de Navarre.

Émail de mêmes forme et grandeur, par le même.

1044 — Portrait de Jean, duc de Bourbon.

Émail de mêmes forme et grandeur, par le même.

1045 — **Portrait de Diane de France?**

Émail de mêmes forme et grandeur, par le même.

1046 — **Portrait de Catherine de Lorraine,** duchesse
de Montpensier.

Émail de même forme, par le même.

Catalogue Debruge, n° 706.

Haut. 29 cent. Larg. 24 cent.

1047 — **Portrait de l'Empereur Charles-Quint.**

Peinture à l'huile sur panneau; ce prince est représenté jeune.

École d'Holbein.

Haut. 37 cent. Larg. 27 cent.

1048 — **Portrait d'Éléonore d'Autriche,** nièce du précédent et femme de François Ier, roi de France.

Peinture à l'huile sur panneau.

École de Janet.

Haut. 29 cent. Larg. 23 cent.

1049 — **Portrait de Luther.**

Émail carré, peint en couleur, par Léonard de
Limoges.

Haut. 16 cent. 1/2. Larg. 14 cent.

Report 1,970,790

1050 — Portrait d'Érasme.

Émail en couleur par Léonard de Limoges.

Haut. 19 cent. Larg. 14 cent.

14,300

1051 — Portrait d'homme inconnu.

Émail carré en couleur, par Léonard de Limoges.

Haut. 17 cent. Larg. 14 cent.

9000

1052 — Autre Portrait d'homme inconnu.

Émail circulaire, en couleur, par le même.

Diam. 9 cent. 1/2.

670

1053 — Autres Portraits (deux) inconnus, homme et femme.

Peints sur bois (boîte fermante circulaire).

Seizième siècle.

Diam. 10 cent.

96

1054 — Portrait de Marguerite de Bourbon, du-chesse de Nevers.

Peinture à l'huile sur bois.

École de Janet.

Haut. 19 cent. Larg. 14 cent.

502

1055 — Grand Tableau gothique sur bois, représentant le Jugement dernier.

Peinture flamande du commencement du seizième siècle.

190

Reporté 1,995,508

1056 — Autre Tableau gothique, Portement de croix.

École allemande du commencement du seizième siècle.

Haut. 40 cent. Larg. 88 cent.

SCEAUX

1057 — Muson, Monsathes mare certos dant michi fines.

Au centre : la ville de Padoue.

Grand sceau circulaire en bronze du treizième siècle.

1058 — Sigillum ecclesie Sancti Martini Mendensis.

Le champ présente le saint Évêque bénissant; à droite et à gauche, deux figures, revêtues aussi des ornements épiscopaux, sont désignées par ces mots: S. Egelbertus. S. Sigepertus.

Grand sceau à sceller, en cuivre, de forme circulaire, de la fin du treizième siècle.

1059 — Sigillam conventus Ecclesie Vallis Sancti Lamberti

Au centre la Vierge assise sur un trône soutenant du bras droit l'Enfant divin; de la main gauche elle tient une tige terminée par une fleur de lis.

Mêmes grandeur et époque.

1060 — S. Societatis discipline codectei plebis de Mo-talcino.

Au centre le Christ en croix, la Vierge et saint Jean; au bas un confrère agenouillé.

Moyen sceau italien, de forme elliptique, cuivre doré.

Quatorzième siècle.

1061 — Scel dou Tabellion de la Prevostéi de la citéi dou Pont.

Au centre, un pont crénelé et tourellé sur lequel est un homme d'armes tenant de la main droite sa lance et de la gauche son écu, qui est armorié de Bar.

Sceau circulaire en cuivre, du commencement du quinzième siècle.

1062 — Sigillum pontificale Alani Episcopi Avinionensis.

Au centre la Vierge; à droite saint Pierre; à gauche saint Paul, et au-dessous l'évêque agenouillé entre deux écus fascés de six pièces et surmontés de la crosse épiscopale.

Grand sceau elliptique en bronze.

Quinzième siècle.

1063 — S. Fabricatorum Autwerpiensis.

Au centre l'évêque donnant la bénédiction; à droite l'écu de Bourgogne, à gauche celui de l'évêque, qui représente une porte de ville surmontée de deux crosses.

Moyen sceau, de forme circulaire, en argent.

Quinzième siècle.

1064 — Sigillum Sanctus Antonius.

Au centre le Saint; au bas un écu contenant le Tau de son ordre.

Petit sceau elliptique en cuivre, du quinzième siècle.

1065 — Grand sceau équestre de Philippe-Emmanuel, duc de Lorraine et de Bar; bronze doré.

Seizième siècle.

1066 — Sigillum communi regis Matisconensis.

Au centre, un écu semé de France, sans nombre.

Petit sceau en cuivre, circulaire, du commencement du seizième siècle.

1067 - 1068 — Autre sceau; au centre, l'évêque debout et tenant une crosse.

MÉDAILLES

1069 — Sigismundus Pandulfus Malatesta.
  Au revers, figure allégorique assise sur un siége en forme d'éléphant.
  Géminé. 1446.

1070 — Le même, revers : le Château de Rimini.
  Même date.

1071 — Leonellus Marchio Estensis ; revers : tête à trois visages.
  Opus Pisani Pictoris.

1072 — Philippus Maria Auclus, duc de Milan.
  Revers : trois cavaliers.
  Opus Pisani Pictoris.

1073 — Carolus viii, rex Francorum.
  Revers : Hercule terrassant un lion.

1074 — Antonius Pius Augustus.
  Revers : Allégorie funèbre,

Report   1,496,846

1075 — LOUIS XII ET ANNE DE BRETAGNE.

Médaille frappée à Lyon en 1499.

Bronze doré.   140

1076 — LA MÊME, *idem*.

Non dorée.   86

1077 — LA MÊME, *idem*.   62

1078 — HENRI II, buste lauré de profil, bas-relief d'applique, de grandeur naturelle.

Seizième siècle.   167

OBJETS CHINOIS

1079 — **Coupe** en corne de rhinocéros, sculptée en forme de fleurs dont les branchages sont découpés à jour   50

1080 — **Autre Coupe** du même genre, avec pistil naissant au milieu de son calice.   40

1081 — **Coupe** basse en corne de rhinocéros translucide, de couleur sardoine.

Elle a la forme d'une fleur de nénuphar entourée de sa branche et de cigognes.   42

à Reporter   1,497,433

Report   1,497,433

1082 — **Coupe** de mêmes forme et matière, avec anse formée par des animaux chimériques.

    Travail très-fin.   32

1083 — **Autre Coupe** du même genre et de même matière,
ornée de méandres dorés.   32

1084 — **Aiguière** en argent repoussé et ciselé.

    Elle a la forme d'une autruche debout sur une
tortue.   230

1085 — **Autre Aiguière** en argent repoussé et émaillé
d'épargne en couleurs variées.   365

1086 — **Théière** en argent repoussé et émaillé d'épargne.

    Elle a la forme d'une pomme de pin tronqué. Sur
le couvercle, neuf petites figures s'élèvent ou s'a-
baissent en raison de la densité de la chaleur et de la
quantité du liquide. L'anse, en forme de fleur, sert
d'entonnoir pour introduire l'eau dans la théière.   200

1087 — **Autre Théière** semblable.

    Ces deux objets curieux sont les seuls que nous
ayons vus.   200

1088 — **Deux Tasses** en argent repoussé et émaillé.

    Elles ont la forme de fruits dont la tige à bran-
chages forme l'anse.   110

Reporté   1,498,592

Report 1,498,592

1089 — **Petite Coupe** de mêmes genre et travail. L'anse est formée par un cep de vigne. 70

1090 — **Statuette** en argent repoussé et en partie dorée. Elle représente un jeune homme assis sur un tertre, jouant de la flûte. 240

1091 — **Paire de flambeaux** en bronze, formée d'une figure portant une corbeille de fleurs sur la tête. 140

1092 — **Statuette** de femme assise sur un bélier et tenant un vase; en cristal de roche sculpté dans la masse. 84

1093 — **Chimère** en cristal de roche sculptée dans la masse. 60

1094 — **Sept Pipes chinoises** à fumer l'opium, en métal orné d'émaux. 30

———

a Reporter 1,499,216

OBJETS DE L'INDE

1095 — **Grande peinture thibétaine** représentant l'O-
lympe de la théogonie orientale.

Elle est peinte très-finement sur soie et contient
un grand nombre de figures en couleurs, nimbées et
rehaussées d'or, représentant les bizarres divinités
et tous les bienheureux de l'histoire du pays.

Cette curieuse peinture, d'une grande fraîcheur,
est appliquée sur fond d'étoffe en soie rouge richement brochée d'or à entrelacs.

1096 — **Autre** peinture du même genre, petite.

1097 — **Autre** semblable.

1098 — **Autre** semblable.

1099 — **Autre** semblable.

1100 — **Divinités** (environ 120) en bronze et argent, offrant toutes les variétés bizarres de la mythologie
du pays.

Seront vendues par lots.

VITRAUX

1101 — Verrières (Deux) en couleur, cintrées par le haut, composées chacune de trois grands panneaux circulaires représentant le martyre de saint Laurent et autres sujets pieux.

Bordures à feuillages.

École de Cologne, au treizième siècle.

Haut. 2 mèt. 30 cent. Larg. 1 mèt. 18 cent.

1102 — Panneaux carrés (Deux) en hauteur et couleur, représentant l'un la Crucifixion, l'autre l'Epiphanie.

Quatorzième siècle.

Haut. 1 mèt. 05 cent. Larg. 60 cent.

1103 — Grande Verrière de forme carrée, légèrement cintrée au sommet, contenant six panneaux, dont deux représentent l'Annonciation, deux autres des saints et saintes ainsi que les deux supérieurs qui sont de remplissage ; le tout en couleur.

École française.

Quinzième siècle.

Haut. 2 mèt. 60 cent. Larg. 1 mèt. 20 cent.

1104 — Verrières (deux) de même forme, composées chacune de six panneaux en hauteur et couleur, représentant aussi l'Annonciation et des figures isolées de saints, de saintes, de donateurs et de donatrices.

École allemande.

Fin du quinzième siècle.

Haut. 2 mèt. 40 cent. Larg. 1 mèt. 2 cent.

1105 — Deux Impostes cintrés, de travail moderne, mais vitrifié, contenant des armoiries, forment le complément de ces deux verrières.

1106 — Verrières (trois) composées chacune de deux panneaux en hauteur, représentant des hommes d'armes tenant des étendards armoriés; le tout en grisaille.

Des cintres et des soubassements de travail moderne, contenant des armoiries, complètent ces trois verrières.

Ouvrage de la Suisse allemande.

Fin du quinzième siècle.

Haut. totale 3 mèt. 85 cent. Larg. 1 mèt. 5 cent.

1107 — Panneaux (deux) provenant de la même suite et représentant chacun un homme d'armes semblable.

Haut. 1 mèt. 25 cent. Larg. 45 cent.

1108 — Grandes Verrières (deux) légèrement cintrées par le haut, contenant chacune quatre panneaux de

17

riche architecture en grisaille rehaussée d'or, dont l'arc central, rempli par une composition de figures représentant des sujets bibliques, est accompagné de frises, de soubassements à l'antique et d'armoiries.

Ces vitres, d'un grand style et du plus beau fini, sont un ouvrage hollandais de l'école de Lucas de Leyde.

Haut. environ 2 mèt. 80 cent. Larg. 1 mèt. 20 cent.

1109 — Quinze petits vitraux suisses, à sujets et armoiries en couleurs,

Seront vendus par lots sous ce numéro.

Paris. Imprimerie PILLET FILS AÎNÉ rue des Grands-Augustins, 5.

COLLECTION SOLTYKOFF

ORDRE DES VACATIONS

DEUXIÈME VENTE
{ Lundi   15 Avril 1861.
Mardi   16   —
Mercredi 17   —

EXPOSITION PARTICULIÈRE le Samedi 13 Avril.

— PUBLIQUE le Dimanche 14 Avril.

DEUXIÈME VENTE

Vacation du Lundi 15 Avril 1861.

Autels et Retables.

Calices, Burettes, etc.

Croix.

Chandeliers.

122. Chandeliers d'autel.
127. Chandeliers (une paire de).

Instruments de paix.

129. Paix en argent doré.
130. Autre paix plus petite.
131. Paix en ivoire sculpté.

Châsses.

132. Très-grand reliquaire ou châsse.
134. Coffre à reliques.
139. Châsse.
140. Autre châsse en émail.
141. Très-grande châsse.
142. Autre châsse.

Reliquaires.

152. Reliquaire.
163. Reliquaire.
164. Chef en cuivre battu et doré.
165. Autre chef.
166. Reliquaire en forme de bras.
167. Autre.
168. Autre.
169. Reliquaire d'argent doré en forme d'édifice.

Divers objets du culte.

184.   Bas-relief de forme circulaire.

Crosses et Taux.

193.   Crosse en cuivre battu et doré.
194.   Crosse en cuivre battu.
195.   Autre crosse.
196.   Antre crosse.
197.   Autre crosse.

Statuettes en ivoire et autres matières.

224 *bis.* Groupe en ivoire (le Couronnement de la Vierge).
225.   Grande statuette en ivoire de la Vierge.
226.   Statuette de la Vierge en marbre.
226 *bis.* Autre statuette.
227.   Statue de la Vierge.
228.   Statuette en bronze fondu.
229.   Statuette en ivoire.
230.   Une Vierge.
231.   Un Saint-Georges.

Bas-reliefs, Triptyques et Diptyques.

237.   Tableau.
238.   Autre tableau d'ivoire.
239.   Petit tableau d'ivoire.
240.   Grand tableau d'ivoire.
241.   Autre tableau d'ivoire.
242.   Autre.

Peinture sur émail.

260. Tableau.
261. Autre tableau.
262. Autre tableau.
263. Petit oratoire.
264. Petit panneau.

Objets de l'Inde.

1095. Grande peinture thibétaine.
1097 à 1099. Autres peintures.
1100 (partie du). Divinités.

Vacation du Mardi 16 Avril 1861.

Meubles, Coffrets et Objets divers.

Numos
du
Catal.

276.　Armoire à deux corps.
277.　Armoire à deux corps et quatre portes.
305.　Pliant italien.
306.　Autre semblable.
311.　Deux chaises italiennes.
312.　Deux autres chaises analogues.
295.　Table à quatre piliers.
336.　Grand coffret ou cassette d'ivoire.
337.　Petit coffret d'ivoire.
338.　Autre petit coffret.
339.　Autre coffret d'ivoire sculpté.
340.　Autre coffret d'ivoire de même forme.
341.　Grand coffret d'ivoire sculpté.
342.　Grand coffret d'ivoire.
343.　Cassette en bois d'alisier sculpté.
344.　Autre cassette de mêmes genre et bois.
345.　Grand coffre en menuiserie de chêne sculpté.
474.　Dame à jouer.
475.　Autre dame à jouer.

Vaisselle d'émail.

481.　Grand bassin.
485.　Autre bassin de forme circulaire.
491.　Autre coupe de mêmes forme et émail.
492.　Petite coupe à balustre.

493. Coupe de mêmes grandeur et forme.
502. Assiettes (douze).
509. Salière de forme ovale.
510. Salière ronde.

Poteries françaises.

FABRIQUE DE BERNARD DE PALISSY.

524. Plat à bords renversés.
532. Autre plat semblable, à fond truité.
533. Autre plat de même.
537. Grand bassin rond.
538. Plat ovale.
543. Petit plat.
555. Autre plat semblable.
556. Autre plat semblable.
597. Petit plat rond.
598. Petit plat de même forme.
599. Autre plat rond sans bord.
600. Autre plat de mêmes forme et grandeur.
601. Plat ovale.
602. Plat ovale.
620. Porte-lumière.
621. Autre semblable.
624. Groupe.

Poteries italiennes.

663. Grand plat peu concave avec ombilic.
664. Grand plat creux à bord incliné.
680. Autre plat de même forme.
693. Deux grands flacons piriformes.
710. Grand plat rond avec écusson.
711. Petit plat rond.
730. Vase avec couvercle.

731. Autre vase de mêmes forme et fabrique.
759. Grands plats (deux).
760. Statuette représentant saint Georges.
766. Belle salière décorée d'arabesques.

Vaisselle de verre.

FABRIQUE VÉNITIENNE.

779. Aiguière de forme antique.
780. Autre aiguière de même forme.
791. Très-grand bassin.
792. Grandes assiettes (quatre).
793. Petite assiette.
794. Plat circulaire très-creux.
795. Plat de même forme, verre incolore.
810. Gobelet à pied.
811. Autre gobelet.
820. Deux coupes.
821. Coupe à filets blancs.
822. Autre coupe de mêmes forme et travail.
823. Autre coupe basse de mêmes forme et travail.
824. Autre coupe basse de mêmes forme et travail.
825. Gobelet à pied élevé et à surprise.
839. Vase dont la panse représente une grappe de raisin.
840. Autre vase de même genre à panse sphérique.
841. Vase de forme cylindrique.
842. Vase de forme dite à la Médicis.
843. Seau avec anse (secchia).
844. Autre seau de même genre et verre dont le bord est octo-
     gonal.
850. Vase de forme cylindrique.

Vaisselle d'argent et Joyaux.

(Du n° 908 au n° 934.)

Vacation du Mercredi 17 Avril 1861.

Meubles, Coffrets et Objets divers.

Numᵒˢ
du
Catal.

862. Crédence à deux portes et à deux tiroirs.
287. Autre crédence de même genre et de même ornementation.
292. Table à manger.
293. Autre table de même genre.
313. Deux chaises italiennes.
314. Deux chaises italiennes.

Poteries françaises.

FABRIQUE DE BERNARD DE PALISSY.

525. Grand plat, fond bleu, revers truité.
544. Grand plat ovale.
559. Plat rond.
574. Plat ovale sans bord.
575. Autre plat semblable.
583. Autre plat semblable.
584. Plat rond.
585. Autre plat semblable.
606. Plat sans bord.
607. Plat ovale à capsules.
608. Plat ovale : Jupiter et Calysto.
609. Autre petit plat semblable avec bordure.

613. Coupe forme de nacelle.
614. Autre pareille.
643. Statuette : La Nourrice.
644. Petite statuette : Le Joueur de musette.
673. Grand plat.
674. Plat de moyenne grandeur.
688. Aiguière avec bassin.
699. Petit plat de même forme.
700. Plat de même forme.
720. Petit plat profond.
721. Petit plat.
722. Plat rond sans bord.
741. Petit plat profond.
742. Autre plat de même forme.
743. Autre plat semblable.
744. Grand plat : La Mort de Virginie.
745. Grand plat : Le Jugement de Pâris.

Sculptures moulées en poteries

DE LUCA DELLA ROBBIA.

(Du n° 767 au n° 776.)

Chandeliers en bronze.

(Du n° 986 au n° 1002.)

PARIS

IMPRIMERIE A. PILLET FILS AÎNÉ
RUE DES GRANDS-AUGUSTINS,